전 국민 영어 말하기 혁명

New 국민영어법
BOOSTER

S 시원스쿨닷컴

전 국민 영어 말하기 혁명
New 국민영어법 BOOSTER

초판 1쇄 발행 2023년 10월 31일

지은이 이민호
펴낸곳 (주)에스제이더블유인터내셔널
펴낸이 양홍걸 이시원

홈페이지 www.siwonschool.com
주소 서울시 영등포구 국회대로74길 12 시원스쿨
교재 구입 문의 02)2014-8151
고객센터 02)6409-0878

ISBN 979-11-6150-773-6
Number 1-120101-18181821-06

대한민국 영어 학습자들에게

영어가
[고통]이 아닌 [소통]이 되길,
[점수]가 아닌 [박수]가 되길,
[정복]이 아닌 [행복]이 되길,

마음속 깊은 곳에서
언어의 즐거움을 찾고 있는
당신께 바칩니다.

머리말

"나는 바보인가?"

학창 시절 영어 공부를 하면서 제가 수없이 되뇌던 말입니다. 『성문』이나 『맨투맨』의 한 챕터조차 제대로 이해해 본 적이 없으니까요. 저는 '동명사, to부정사' 등 문법 용어를 10년 가까이 들어도 이해가 안 갔습니다. 그런데 이처럼 영문법 부진아였던 저에게 큰 변화가 있었습니다. 바로 2010년 대한민국 최고의 영어 강사를 선발하는 오디션 프로그램에서 우승을 한 것입니다. 외국에서 5~10년 이상 살다 온 경쟁자들 속에서 영문법 부진아가 우승을 하다니요! 영어 "때문에" 못 살 것 같던 한 사람이 이제는 영어 "덕분에" 먹고 살고 있습니다. 어떻게 이런 일이 가능했을까요? 바로,

'배움의 즐거움'을 깨닫고
배움의 즐거움을
'영어에 접목'했기 때문입니다.

어려운 용어가 많은 문법책, 두꺼운 토익 문제집을 과감히 덮었습니다. 그리고 쉬운 영어라도 좋으니 마치 어린아이가 말을 배우듯 주변 사물, 상황들을 하나하나 영어로 말해 보려 노력했죠. '관계대명사'라는 용어를 외우는 대신 "This is the song **that my mom likes!**(이거 **우리 엄마가 좋아하는** 노래야!)"라고 말할 수 있어 **기뻤습니다.** 'to부정사의 부사적 용법'이란 용어를 아는 것보다 "I was born **to love you.**(나는 **너를 사랑하기 위해** 태어났어.)" 라는 말을 할 수 있게 되어 **즐거웠습니다.**

『국민영어법』은
영어를 포기하게 만드는 골치 아픈 용어 대신
'읽고 말하는 데 필요한 규칙'을 알려드리고자
저의 진심을 담아 만든 콘텐츠입니다.

제가 공부하며 깨달은 것들을 『국민영어법』에 깨알같이 담았습니다. 우리 말과 영어의 차이점을 바탕으로 3분 카레처럼 간편하게 언어를 활용할 수 있는 실용적인 문법을 제시했습니다. 한글을 아는 사람이라면 누구라도 쉽게 이해할 수 있는 **쉬운 말로 정리하려고 노력**했습니다.

언어는 그 마음을 담아내는 그릇이라고 생각합니다. 여러분의 마음속에 있는 것들을 '영어'라는 말로 담아내는 데 이 책이 도움이 되었으면 합니다. 영어가 능력의 상징이나 인생의 장애물이 아닌, 사람과 사람을 이어주는 소통의 도구가 될 거라고 믿습니다. 『국민영어법』과 함께 영어를 즐길 수 있게 되면, 일상 영어, 비즈니스 영어는 물론 토익, 토플, 공무원 영어, 오픽, 토익스피킹 등의 시험까지 앞으로 여러분이 어떤 영어 공부를 하든 재미와 더불어 성과도 가져가실 수 있을 것입니다. 제가 그랬고, 저와 함께 공부해 온 많은 분들이 성공했듯이,

이제는 여러분의 차례입니다.

– 국민영어법 이민호 올림 –

추천사

문단열

(전) EBS <잉글리쉬 카페> 진행자

이민호다운 책이다. 늘 초보자의 입장에서 고민하고, 자신만의 커리큘럼을 갖추기 위해 노력하며, 진심으로 학생들을 대하는 그는 좋은 영어 강사이면서 참 좋은 사람이다. 이 책은 이런 그의 진정성이 고스란히 담겨서 읽는 내내 입가에 미소를 짓게 했다. 독자들이 조금이라도 쉽게 이해할 수 있게 노력한 저자의 고군분투와 일상에서의 실질적 활용으로 이끌어 준 세심한 배려가 느껴진다. 항상 사랑이 가득한 마음으로 학생들을 대하기에 학생들에게 진심으로 사랑 받는 그가 이제 더 많은 이들의 사랑을 받는 영어 교육인으로 성장해 갈 것을 믿는다. 그리고 영어의 뿌리인 문법을 세울 이 책이 <국민영어법>이란 제목처럼 많은 이들의 영어 고민을 술술 풀어 주기를 기대한다!

이종학

(주)케쌤영어 대표

지루하고, 어려운 문법을 어쩜 이렇게 만화책을 보듯 재미있게 재구성했는지 같은 영어 강사로서 정말 놀라울 따름입니다. 사람과 인생을 따뜻한 감성과 행복이라는 가치로 풀어내는 그만의 아름다운 언어에 늘 감동합니다. 항상 돈보다 사람이 먼저인 참된 교육자인 이민호 선생님의 철학이 담긴 영어책 같습니다. 영어 공부에 지친 분들께 한줄기 희망의 빛을 던져 주는 책이 되리라 믿습니다.

김태경

[전] EBS <입이 트이는 영어> PD

이민호 선생님은 에너지 가득한 사람이다. 즐겁게 연구하고 그 결과를 학생들과 아낌없이 나누며 행복해하는 모습을 곁에서 오랫동안 지켜보았다. 현장 수업을 직접 들을 수 없는 사람들에게는 이 책이 그의 열정과 도전을 공유할 수 있는 소중한 기회가 될 거라 생각한다. 영어에서든, 인생에서든 늘 탐험가처럼 도전을 멈추지 않고 발전하는 그와 함께, 살아있음을 느껴 보시길 바란다. 이보다 더 쉬울 수 없을 것 같은 친근한 문법 설명과 당장 써먹고 싶어지는 실용 예문 등 배움의 즐거움을 만끽할 수 있는 최고의 영어 학습서이다.

New 국민영어법

여러분,
아래에 나온 세 가지 표현을
한번 영작해 보시겠어요?

안경	**끼**	고양이
귀걸이	**한**	소녀
총	**든**	남자

안경은 **glasses**고 고양이는 **a cat**인데… [끼]이 영어로 뭐지?

귀걸이는 **an earring**이고 소녀는 **a girl**인데… [한]이 영어로 뭐지?

총은 **a gun**이고 남자는 **a man**인데… [든]이 영어로 뭐지?

사전을 뒤져봐도 딱 맞는 단어가 안 나오는데....?

놀라지 마세요. [낀, 한, 든]은 모두 한 개의 영단어로 표현할 수 있습니다. 바로 [with]입니다. 엥? [with]의 뜻은 [함께]인데 어떻게 [낀, 한, 든]이라고 쓰여? 라고 생각하시는 분들, 국영법에선 [with]를 아래와 같이 알려 줍니다.

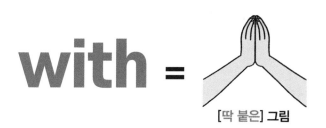

[딱 붙은] 그림

안경이	귀걸이가	총이
(얼굴에) 딱 붙은 **고양이**	(귀에) 딱 붙은 **소녀**	(손에) 딱 붙은 **남자**

A cat
with glasses

A girl
with an earring

A man
with a gun

정말 놀랍도록 쉽고 명쾌하지 않나요? 10년을 공부하고도 영어로 말 한 마디 못하는 영포자들에게 한줄기 빛이 될 [새로운 대한민국 기초 영어 말하기 교과서 New 국민영어법]! 이제 그 즐거운 배움을 여정을 시작해 보겠습니다.

전 국민 영어 말하기 혁명
New 국민영어법 Start!

책의 구성 & 특징

전 국민 영어 말하기 혁명!
New 국민영어법 학습 로드맵

1 "영어 공부 10계명" 새기기

영어 배움의 여정을 시작하기 전, 처음부터 끝까지 순조로운 여정이 지속될 수 있도록 올바른 방향성을 제시하는 '영어 공부 10계명'을 가슴속에 새깁니다.

2 "말 이미지 연상" 학습

[with = 함께]와 같이 1:1 해석이 아닌, [with = 딱 붙은 그림]과 같이 '말을 이미지로 연상하는 학습법'을 통해 필수 표현들을 모국어처럼 자연스럽게 흡수합니다.

3 "600문장 영작" 연습

이미지 연상법을 통해 내 것으로 흡수한 필수 표현들로 대표 문장 200개부터 응용 문장 400개까지, 총 600개의 문장들을 영작하며 말합니다.

4 "5·5·5 영어 말하기" 훈련

600개의 문장들을 '발음'에 집중해서 5번, '억양'에 집중해서 5번, '내 것'처럼 5번씩 말하는 반복 훈련을 통해 원어민처럼 말하는 영어 입근육을 만듭니다.

1 성공적인 영어 배움을 위한
"영어 공부 10계명" 새기기

대한민국 · 기초영어말하기 · 교과서

국민영어법
영어공부
10계명

영어 배움의 여정을 시작하기 전
처음부터 끝까지 순조롭게
배움의 여정이 지속될 수 있도록
올바른 방향성을 제시하는
영어 공부 10계명을
가슴속에 새기세요.

같은 일도 '잘못된 방법'을 쓰면 실패하는 결과를, '별로인 방법'을 쓰면 불만족스러운 결과를, '가장 효율적인 방법'을 쓰면 최상의 결과를 냅니다. 따라서 국영법은 여러분의 영어 배움이 지금까지의 실패를 반복하지 않고 '최상의 결과'를 낼 수 있도록 '영어 공부 10계명'을 통해 성공적인 영어 배움에 필요한 제대로 된 공부 방법 및 태도를 마음속에 새깁니다.

New 국민영어법 Booster

01 양이 차면 질이 변한다.
자신의 수준(70%는 알겠고 30%는 모르겠는 정도)에
맞는 영어 자료를 골라 많이 듣고 따라 하세요.

02 질문하라.
모르는 것은 유튜브에 검색하거나 날 도와줄 사람에게
질문하여 답을 얻고 머릿속으로 '곱씹으세요'.

03 발음은 외모다.
외모가 깔끔하면 호감이듯, 발음이 깔끔하면
듣기에 참 좋습니다. 발음을 잘 살려 말하세요.

04 가슴으로 말하라.
영어는 사람을 평가하는 도구가 아니라
'사람과 사람을 잇는 소통의 도구'임을 기억하세요.

05 태도가 전부다.
멋진 태도가 있으면 항상 빛이 납니다.
'잘 하려고' 하기보다 '자라려는' 태도를 가지세요.

06 불안을 알아차려라.
'이번에도 안 되면 어쩌지?'라는 불안감이 생기면
'너! 날 방해할 수 없어!'라고 선언하고 정신을 차리세요.

07 영어, 정복이 아닌 행복이다.
최고의 보상은 '여정 그 자체'입니다.
영어를 '정복'하려 하지 말고 '행복의 순간'으로 여기세요.

08 동료, 동기를 칭찬하라.
진심을 다해 남을 칭찬하면 오히려 자신이 기운이 납니다.
함께 공부하는 친구들을 많이 칭찬해 주세요.

09 힘들면 쉬어라.
힘들 때 너무 괴롭게 버티면 만정이 떨어질 수 있습니다.
너무 지칠 땐 쉬어 가면서 꼭 완주하세요.

10 반드시 성공한다.
누구나 할 수 있고, 이미 많은 이들이 성공해 왔습니다.
그러니 여러분도 하실 수 있습니다. 믿으세요.

20

21

11

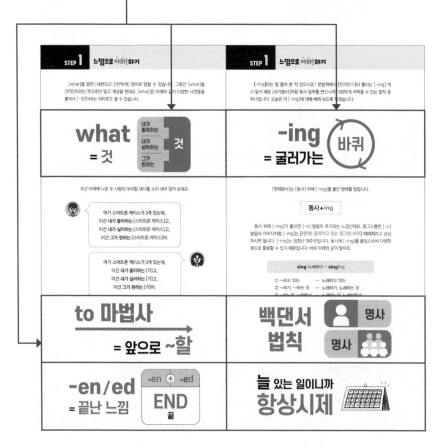

2 영어를 모국어처럼 자연스럽게 흡수하는
"말 이미지 연상" 학습

문법책에선 '[what] = [관계대명사], [-ing] = [현재분사]'와 같이 어려운 용어로 설명하지만 국영법에선 '[what] = [~것]이라는 뜻의 [만능 레고 블록], [-ing] = [계속 굴러가는 바퀴] 이미지'와 같이 묘사합니다. 이처럼 국영법은 어려운 용어 대신 **이미지로 연상하고 각인하는 학습법**을 통해 영어를 모국어처럼 자연스럽게 흡수합니다.

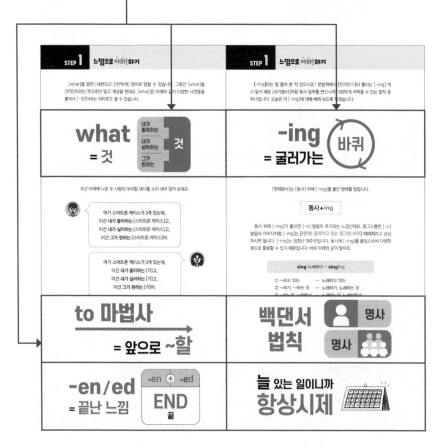

3 내 것으로 흡수한 필수 표현들로 "600문장 영작" 연습

필수 표현들을 내 것으로 흡수한 뒤엔 문장 600개를 영작합니다. 처음엔 각 표현별로 대표 문장 10개를 영작합니다. 이때 그림을 보고 말 이미지를 연상하며 영작하면 효과적입니다. 그리고 대표 문장 10개 영작을 끝마친 뒤엔 응용 문장 20개까지 영작하며 표현을 완전한 내 것으로 만듭니다. (총 20개 필수 표현을 활용해 대표 문장 200개 + 응용 문장 400개 = 총 600개 문장 영작)

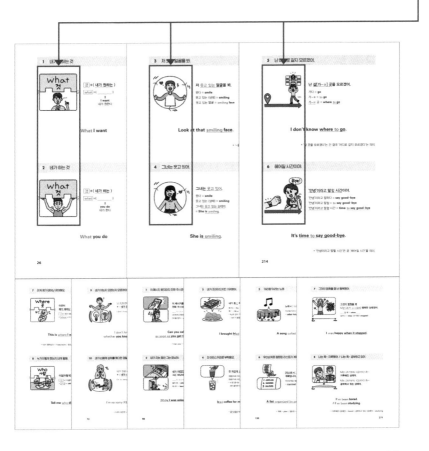

4 600문장이 입에 착! 붙는
"5·5·5 영어 말하기" 훈련

영작한 600개 문장들이 '제대로 된 영어 소리'가 되어 입밖으로 나올 수 있도록 '5·5·5 영어 말하기' 훈련을 합니다. 실제 원어민이 녹음한 MP3를 듣고 '발음에 집중해서 5번 → 억양에 집중해서 5번 → 내 것처럼 매끄럽게 5번'을 따라 말하며 영어 입근육을 만듭니다. (MP3는 시원스쿨 홈페이지에서 다운로드하거나 교재에 수록된 QR코드를 휴대폰으로 스캔해서 청취 가능)

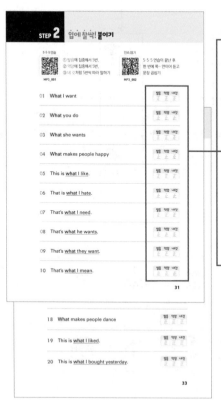

Step 1 발음에 집중해서 5번

표현 및 문장을 구성하고 있는 각 단어의 정확한 발음에 집중하며 또박또박 천천히 따라 말합니다.

Step 2 억양에 집중해서 5번

표현 및 문장이 가지고 있는 억양에 집중하며 좀 더 빠른 속도로 리드미컬하게 따라 말합니다.

Step 3 내 것처럼 매끄럽게 5번

발음과 억양을 연습한 후, 이번엔 감정까지 실어 마치 원어민이 된 듯 매끄럽게 따라 말합니다.

New 국민영어법은 [1권] Starter & [2권] Booster
총 2권으로 구성되어 있습니다.

[1권] New 국민영어법 Starter

영어에서 가장 기본이 되는 어휘+어법 및 기초 표현+문장 600개를 마스터하도록 설계돼 있으며, 시원스쿨 'New 국민영어법' 온라인 강의 [1강~20강]에 해당합니다.

[2권] New 국민영어법 Booster

중상급 수준에 필수적인 영어 개념 및 중상급 표현+문장 600개를 마스터하도록 설계돼 있으며, 시원스쿨 'New 국민영어법' 온라인 강의 [21강~40강]에 해당합니다.

New 국민영어법은 온라인 강의(유료)와
함께 학습하시면 효율이 극대화됩니다.

본 교재는 저자가 직접 가르치는 'New 국민영어법' 온라인 강의와 함께 학습 가능하며, 시원스쿨 홈페이지(siwonschool.com)에 접속 → 회원 가입 → 결제 후 수강 가능합니다.

목차

New 국민영어법 BOOSTER 진도표

학습 내용	학습 날짜	체크
국민영어법 영어 공부 10계명	_____년 ___월 ___일	☐
01 what	_____년 ___월 ___일	☐
02 what, all	_____년 ___월 ___일	☐
03 wh−, how	_____년 ___월 ___일	☐
04 논리왕 that	_____년 ___월 ___일	☐
05 It∼that	_____년 ___월 ___일	☐
06 접속사, 조동사	_____년 ___월 ___일	☐
07 −en/ed	_____년 ___월 ___일	☐
08 백댄서 법칙	_____년 ___월 ___일	☐
09 수동태	_____년 ___월 ___일	☐
10 −ing (∼하고 있는)	_____년 ___월 ___일	☐
11 −ing (∼하는 것)	_____년 ___월 ___일	☐
12 −ing (∼하면서/하느라)	_____년 ___월 ___일	☐
13 감정 표현	_____년 ___월 ___일	☐
14 to 마법사 (∼할)	_____년 ___월 ___일	☐
15 to 마법사 (∼하기 위해)	_____년 ___월 ___일	☐
16 to 마법사 (∼하는 것)	_____년 ___월 ___일	☐
17 항상시제	_____년 ___월 ___일	☐
18 현재완료 (죽∼)	_____년 ___월 ___일	☐
19 현재완료 (다, 막, 적)	_____년 ___월 ___일	☐
20 will, be going to	_____년 ___월 ___일	☐

대 한 민 국 · 기 초 영 어 말 하 기 · 교 과 서

국민영어법

영어공부

10계명

영어 배움의 여정을 시작하기 전
처음부터 끝까지 순조롭게
배움의 여정이 지속될 수 있도록
올바른 방향성을 제시하는
영어 공부 10계명을
가슴속에 새기세요.

01 양이 차면 질이 변한다.

자신의 수준(70%는 알겠고 30%는 모르겠는 정도)에
맞는 영어 자료를 골라 많이 듣고 따라 하세요.

02 질문하라.

모르는 것은 유튜브에 검색하거나 날 도와줄 사람에게
질문하여 답을 얻고 머릿속으로 '곱씹으세요'.

03 발음은 외모다.

외모가 깔끔하면 호감이듯, 발음이 깔끔하면
듣기에 참 좋습니다. 발음을 잘 살려 따라 말하세요.

04 가슴으로 말하라.

영어는 사람을 평가하는 도구가 아니라
'사람과 사람을 잇는 소통의 도구'임을 기억하세요.

05 태도가 전부다.

멋진 태도가 있으면 항상 빛이 납니다.
'잘 하려고' 하기보다 '자라려는' 태도를 가지세요.

06 불안을 알아차려라.

'이번에도 안 되면 어쩌지?'라는 불안감이 생기면
'너! 날 방해할 수 없어!'라고 선언하고 정신을 차리세요.

07 영어, 정복이 아닌 행복이다.

최고의 보상은 '여정 그 자체'입니다.
영어를 '정복'하려 하지 말고 '행복의 순간'으로 여기세요.

08 동료, 동기를 칭찬하라.

진심을 다해 남을 칭찬하면 오히려 자신이 기운이 납니다.
함께 공부하는 친구들을 많이 칭찬해 주세요.

09 힘들면 쉬어라.

힘들 때 너무 괴롭게 버티면 만정이 떨어질 수 있습니다.
너무 지칠 땐 쉬어 가면서 꼭 완주하세요.

10 반드시 성공한다.

누구나 할 수 있고, 이미 많은 이들이 성공해 왔습니다.
그러니 여러분도 하실 수 있습니다. 믿으세요.

여러분의 노력에 윤활유가 되길 바라며,
10계명과 함께
본격적으로 출발해 볼까요?
Let's get started!

01

what

[A smartphone case that] I like
내가 좋아하는
스마트폰 케이스

[What] I like
내가 좋아하는

것

[what]을 알면 [세련되고 간단하게] 영어로 말할 수 있습니다. 그동안 [what]을 [무엇]이라는 뜻으로만 알고 계셨을 텐데요. [what]은 아래와 같이 다양한 사연들을 붙여서 [~것]이라는 의미로도 쓸 수 있습니다.

우선 아래에 나온 두 사람의 우리말 대사를 소리 내어 읽어 보세요.

여기 스마트폰 케이스가 3개 있는데,
이건 내가 좋아하는 [스마트폰 케이스]고,
이건 내가 싫어하는 [스마트폰 케이스]고,
이건 그가 원하는 [스마트폰 케이스]야.

여기 스마트폰 케이스가 3개 있는데,
이건 내가 좋아하는 [거]고,
이건 내가 싫어하는 [거]고,
이건 그가 원하는 [거]야.

앞서 볼 수 있듯이, 우리말에서도 [것(거)]라는 말을 쓰면 소통이 보다 간결하고 원활해집니다. 그리고 영어에선 [것] = [what]이라고 생각하시면 되며, 아래와 같이 표현 가능합니다.

[A smartphone case that] I like
내가 좋아하는 [스마트폰 케이스]
▼
[What] I like
내가 좋아하는 [것]

따라서 우린 [what]을 **다양한 활용성을 지닌** [레고 블록]이라고 생각해 볼 수 있습니다. [what]이라는 [레고 블록] 뒤에 [물음표(?)]를 붙여 쓰면 [뭐?]이라고 묻는 질문이 되기도 하고, 이 뒤에 [사연]을 붙여 쓰면 [~것]이라는 의미가 되기도 하니까요. [~것]이라는 표현은 [what] + (사연)이라는 형태로 말합니다.

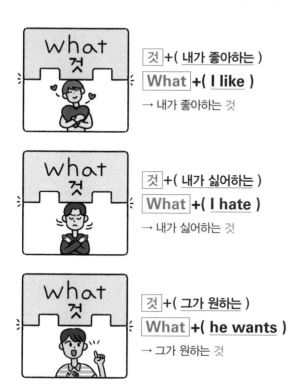

것 +(**내가 좋아하는**)
What +(**I like**)
→ 내가 좋아하는 것

것 +(**내가 싫어하는**)
What +(**I hate**)
→ 내가 싫어하는 것

것 +(**그가 원하는**)
What +(**he wants**)
→ 그가 원하는 것

01   내가 원하는 것

것 +(내가 원하는)

what +(_____)

↑

I want
내가 원한다

What I want

* 원하다 = want

02   네가 하는 것

것 +(네가 하는)

what +(_____)

↑

you do
네가 한다

What you do

* 하다 = do

3 그녀가 원하는 것

것 +(그녀가 원하는)

what +(_____)
↑
she wants
그녀가 원한다

What she wants

* 주어가 'I, You'를 제외한 단수일 땐 동사 끝에 '-(e)s'를 붙임.

4 사람들을 행복하게 만드는 것

것 +(사람들을 행복하게 만드는)

what +(_____)
↑
makes people happy
사람들을 행복하게 만든다

What makes people happy

* make A B = A를 B하게[B로] 만들다 / 행복한 = happy

5   이게 제가 좋아하는 거예요.

이것은
제가 좋아하는 것이에요.

[것] +(제가 좋아하는)
= [what] +(I like)

This is <u>what I like</u>.

* 이것은 ~이에요. = This is ~. / 좋아하다 = like

6   저거 제가 싫어하는 거예요.

저것은
제가 싫어하는 것이에요.

[것] +(제가 싫어하는)
= [what] +(I hate)

That is <u>what I hate</u>.

* 저것은[그것은] ~이에요. = That is ~. (줄이면 That's ~) / 싫어하다 = hate

그것이
내가 필요한 것이야.

것 +(내가 필요한)
= what +(I need)

That's <u>what</u> I need.

* 필요하다 = need

그것이
그가 원하는 것이야.

것 +(그가 원하는)
= what +(he wants)

That's <u>what</u> he wants.

09 그게 그들이 원하는 거야.

그것이
그들이 원하는 것이야.

것 + (그들이 원하는)
= what + (they want)

That's <u>what they want</u>.

10 그게 내 말이야.

그것이
내가 뜻하는 것이야.

것 + (내가 뜻하는)
= what + (I mean)

That's <u>what I mean</u>.

* 'mean(뜻하다)'는 '(어떠한 의도로) 말하다'라는 의미로 풀이 가능.

5·5·5 연습

① 발음에 집중해서 5번,
② 억양에 집중해서 5번,
③ 내 것처럼 5번씩 따라 말하기

MP3_001

연속 듣기

5·5·5 연습이 끝난 후
한 번에 쭉~ 연이어 듣고
문장 곱씹기

MP3_002

	발음	억양	내것

01 What I want

02 What you do

03 What she wants

04 What makes people happy

05 This is <u>what I like</u>.

06 That is <u>what I hate</u>.

07 That's <u>what I need</u>.

08 That's <u>what he wants</u>.

09 That's <u>what they want</u>.

10 That's <u>what I mean</u>.

문장 10개에 이어 아래의 한글 표현 & 문장들을 영어로 바꿔 말해 봅시다.

11 내가 하고 싶은 것

~하고 싶다 = want to ~ / 하다 = do

12 내가 필요한 것

필요하다 = need

13 네가 했던 것

하다 = do (과거형은 did)

14 네가 말하고 있는 것

말하다 = say → 말하고 있는 = saying

15 그녀가 원했던 것

원하다 = want (과거형은 wanted)

16 그들이 원했던 것

그들 = they

17 사람들을 슬프게 만드는 것

A를 B하게 만들다 = make A B / 슬픈 = sad

18 사람들을 춤추게 만드는 것

춤추다 = dance

19 이거 제가 좋아했던 거예요.

좋아하다 = like (과거형은 liked)

20 이거 제가 어제 산 거예요.

사다 = buy (과거형은 bought) / 어제 = yesterday

11   What I want to do

발음	억양	내것
正	正	正

12   What I need

발음	억양	내것
正	正	正

13   What you did

발음	억양	내것
正	正	正

14   What you're saying

발음	억양	내것
正	正	正

15   What she wanted

발음	억양	내것
正	正	正

16   What they wanted

발음	억양	내것
正	正	正

17   What makes people sad

발음	억양	내것
正	正	正

18   What makes people dance

발음	억양	내것
正	正	正

19   This is <u>what I liked</u>.

발음	억양	내것
正	正	正

20   This is <u>what I bought yesterday</u>.

발음	억양	내것
正	正	正

조금만 더 분발해 입근육을 쫙~ 풀어 봅시다!

21 그게 내가 이야기하고 있는 거야! → 내 말이!

> (～에 대해) 이야기하고 있는 = talking (about ～)

22 그게 그가 말했던 거야. → 그게 그가 한 말이야.

> 말하다 = say (과거형은 said)

23 그게 내가 하는 거야.

> 하다 = do

24 그게 그녀가 하는 거야. → 걔 원래 그래.

> 주어가 'I, You'를 제외한 단수일 땐 do → does

25 그게 내가 알고 싶은 거야.

> 난 ～하고 싶어. = I'd like to ～ / 알다 = know

26 그게 날 행복하게 만드는 거야.

> A를 B하게 만들다 = make A B / 행복한 = happy

27 그게 그들이 필요한 거야.

> 필요하다 = need

28 그게 그들이 말하는 거야.

> 말하다 = say

29 그게 내가 아는 거야.

> 알다 = know

30 그게 내가 해야 하는 거야.

> ～해야 한다 = have to ～ / 하다 = do

21 That's <u>what I'm talking about</u>!

발음	억양	내것
正	正	正

22 That's <u>what he said</u>.

발음	억양	내것
正	正	正

23 That's <u>what I do</u>.

발음	억양	내것
正	正	正

24 That's <u>what she does</u>.

발음	억양	내것
正	正	正

25 That's <u>what I'd like to know</u>.

발음	억양	내것
正	正	正

26 That's <u>what makes me happy</u>.

발음	억양	내것
正	正	正

27 That's <u>what they need</u>.

발음	억양	내것
正	正	正

28 That's <u>what they say</u>.

발음	억양	내것
正	正	正

29 That's <u>what I know</u>.

발음	억양	내것
正	正	正

30 That's <u>what I have to do</u>.

발음	억양	내것
正	正	正

**Do what you love,
love what you do.**

당신이 사랑하는 일을 하고,
당신이 하는 일을 사랑하라.

02

what, all

[what] I want
내가 원하는

것

[All] I want
내가 원하는

모든 것

앞서 우린 [what]을 다양한 활용성을 지닌 [레고 블록]에 비유했었습니다. 오늘은 [what]이라는 [레고 블록] 뒤에 다양한 사연을 붙여 말해 보는 것과 더불어 [what]의 강력한 버전인 [all]에 대해서도 배워 보겠습니다.

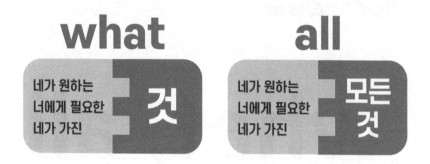

[what]이라는 [레고 블록] 뒤에 무엇을 붙여 조립하는지에 따라 다양한 형태로 활용할 수 있습니다. [물음표(?)]를 붙여 쓸 수도 있고, [사연]을 붙여 쓸 수도 있고, 혹은 아무것도 안 붙이고 단독으로 쓸 수도 있습니다.

what + ? = 뭐?

what = 그것

what + (사연) = ( ) 것

▼

What is your name + ? = 너 이름이 뭐야?

Tell me what . = 그것을 말해 줘.

What + (you want) = (네가 원하는) 것

특히 [what] 뒤에 [사연]을 붙여 [~것]이라고 하면 영어를 간결하면서도 다채롭게 말할 수 있습니다. 예를 들어 '유남생?'이라고 줄여 말하는 'Do you know [what]+(I'm saying)?'도 '[what]+(사연)'에서 파생된 것입니다.

네가 원하는 것을 말해 줘.
것+(네가 원하는)

Tell me what +(you want).

내가 말하고 있는 것을 [내가 무슨 말하는지] 알겠어?
것+(내가 말하고 있는)

Do you know what +(I'm saying)?

[all]은 [what]보다 훨씬 강력한 의미로 쓰입니다. [what]이 [것]이라고 해석된다면 [all]은 [모든 것]이라고 해석되죠. 예를 들어 '[All]+(you need) is love'란 노래 제목도 '[all]+(사연)'에서 파생된 것입니다.

너에게 필요한 모든 것은 사랑이야.
모든 것+(너에게 필요한)

All +(you need) is love.

이것이 네가 가진 모든 것이야?
모든 것+(네가 가진)

Is that all +(you have)?

01 네가 사랑하는 일을 하라, 네가 하는 일을 사랑하라.

네가 사랑하는 것을 하라,
네가 하는 것을 사랑하라.

것 + (네가 사랑하는) = what + (you love)
것 + (네가 하는) = what + (you do)

Do what you love, love what you do.

* 위에서 '것'은 문맥상 '일'이라는 의미로 해석 가능.

02 그는 여자들이 원하는 것을 몰랐어.

그는
여자들이 원하는 것을 몰랐어.

것 + (여자들이 원하는)
= what + (women want)

He didn't know what women want.

* 위에서 'women'은 '여자들'을 뜻하는 복수형이며 [위민]이라고 발음.

3 네가 원하는 것을 말해 줘.

네가 원하는 <u>것</u>을 말해 줘.

것 +(네가 원하는)
= what +(you want)

Tell me <u>what you want</u>.

* 나에게 A를 말해 줘. = Tell me A.

---

4 나는 네가 지난 여름에 한 일을 알고 있다.

나는
네가 지난 여름에 한 <u>것</u>을 알고 있다.

것 +(네가 지난 여름에 한)
= what +(you did last summer)

I know <u>what you did last summer</u>.

* 'do(하다)'의 과거형은 did / 지난 여름(에) = last summer

내가 말하고 있는 것을 알겠어?

것 +(내가 말하고 있는)
= what +(I'm saying)

Do you know <u>what I'm saying</u>?

* Do you know ~? = 너 ~을 알겠어? / 말하고 있는 = saying

**제가 오늘
여러분께 말씀드리고 싶은 것은,**

것 +(제가 오늘 여러분께 말씀드리고 싶은)
= what +(I want to tell you today)

<u>What I want to tell you today</u> is,

* ~하고 싶다 = want to ~ / A에게 말하다 = tell A / 오늘 = today

이것이
중요한 것입니다.

것 +(중요한)
= what +(is important)

This is what is important.

* 중요한 = important

당신에게 필요한 모든 것은
사랑입니다.

모든 것 +(당신에게 필요한)
= all +(you need)

All you need is love.

* 필요하다 = need / 사랑하다; 사랑 = love / 모든 것 = 전부

09 제가 크리스마스에 원하는 건 당신뿐이에요.

**제가 크리스마스에 원하는
모든 것은 당신이에요.**

모든 것 +(제가 크리스마스에 원하는)
= all +(I want for X-mas)

All I want for X-mas is you.

* 'All ~ is B(~한 모든 것은 B이다)'는 문맥상 '~한 건 B뿐이다'라고 풀이 가능.

10 이게 네가 가진 전부야?

**이것이
네가 가진 모든 것이야?**

모든 것 +(네가 가진)
= all +(you have)

Is this all you have?

STEP 2 입에 찰싹! 붙이기

5·5·5 연습

① 발음에 집중해서 5번,
② 억양에 집중해서 5번,
③ 내 것처럼 5번씩 따라 말하기

MP3_007

연속 듣기

5·5·5 연습이 끝난 후
한 번에 쭉~ 연이어 듣고
문장 곱씹기

MP3_008

	발음	억양	내것

01 Do <u>what you love</u>, love <u>what you do</u>.
　　발음 正　억양 正　내것 正

02 He didn't know <u>what women want</u>.
　　발음 正　억양 正　내것 正

03 Tell me <u>what you want</u>.
　　발음 正　억양 正　내것 正

04 I know <u>what you did last summer</u>.
　　발음 正　억양 正　내것 正

05 Do you know <u>what I'm saying</u>?
　　발음 正　억양 正　내것 正

06 <u>What I want to tell you today</u> is,
　　발음 正　억양 正　내것 正

07 This is <u>what is important</u>.
　　발음 正　억양 正　내것 正

08 <u>All you need</u> is love.
　　발음 正　억양 正　내것 正

09 <u>All I want for X-mas</u> is you.
　　발음 正　억양 正　내것 正

10 Is this <u>all you have</u>?
　　발음 正　억양 正　내것 正

45

문장 10개에 이어 아래의 한글 표현 & 문장들을 영어로 바꿔 말해 봅시다.

11 네가 아는 것[일]을 하라, 네가 하는 것[일]을 알아라.

하다 = do / 알다 = know

12 네가 해야 하는 것[일]을 먼저 해라.

~해야 한다 = have to ~ / 먼저, 첫 번째(로) = first

13 그는 여자들이 원하는 것을 알아.

여자들 = women

14 그는 여자들이 원하는 것을 알게 되었어.

알게 되다 = get to know (과거형은 got to know)

15 네가 가진 것을 보여 줘.

A에게 B를 보여 주다 = show A B

16 나에게 네가 가진 것을 줘.

A에게 B를 주다 = give A B

17 나는 네가 어제 한 것[일]을 모른다.

하다 = do (과거형 did) / 어제 = yesterday

18 난 네가 뭐라고 하는지 모르겠어.

난 ~을 모르겠어. = I have no idea ~.

19 난 네가 무슨 말 하는지 알겠어.

말하고 있는 = saying

20 나 내가 무슨 말하려고 했는지 기억이 안 나.

난 ~이 기억이 안 나. = I can't remember ~.

11   Do <u>what you know</u>, know <u>what you do</u>.

발음 억양 내것
正 正 正

12   Do <u>what you have to do first</u>.

발음 억양 내것
正 正 正

13   He knows <u>what women want</u>.

발음 억양 내것
正 正 正

14   He got to know <u>what women want</u>.

발음 억양 내것
正 正 正

15   Show me <u>what you got</u>.

발음 억양 내것
正 正 正

16   Give me <u>what you have</u>.

발음 억양 내것
正 正 正

17   I don't know <u>what you did yesterday</u>.

발음 억양 내것
正 正 正

18   I have no idea <u>what you mean</u>.

발음 억양 내것
正 正 正

19   I know <u>what you're saying</u>.

발음 억양 내것
正 正 正

20   I can't remember <u>what I was saying</u>.

발음 억양 내것
正 正 正

Wait! 아직 안 끝났어요!

조금만 더 분발해 입근육을 쫙~ 풀어 봅시다!

21 제가 오늘 여러분께 보여 드리고 싶은 것은,

~하고 싶다 = want to ~ / 보여 주다 = show

22 제가 오늘 하고 싶은 것은,

하다 = do

23 이것이 현실[인 것]입니다.

현실의, 진짜인 = real / what is = what's

24 가장 중요한 것은 보이지 않는 것이다.

가장 중요한 = most important / 보이지 않는 = invisible

25 제가 필요한 전부는 시간입니다. → 전 시간만 있으면 됩니다.

필요하다 = need / 시간 = time

26 그게 제가 필요한 전부예요.

27 내가 원하는 건 평화와 고요뿐이야.

평화 = peace / 고요 = quiet

28 그게 내가 너에게 원하는 전부야.

너에게 원하다 = want for you

29 이게 내가 가진 전부야.

가지다 = have

30 제가 가진 건 5달러뿐이에요.

5달러 = five dollars

21   What I want to show you today is,

발음 억양 내것
正   正   正

22   What I want to do today is,

발음 억양 내것
正   正   正

23   This is what's real.

발음 억양 내것
正   正   正

24   What is most important is what is invisible.

발음 억양 내것
正   正   正

25   All I need is time.

발음 억양 내것
正   正   正

26   That's all I need.

발음 억양 내것
正   正   正

27   All I want is peace and quiet.

발음 억양 내것
正   正   正

28   That's all I want for you.

발음 억양 내것
正   正   正

29   This is all I have.

발음 억양 내것
正   正   正

30   All I have is five dollars.

발음 억양 내것
正   正   正

Life is like a box of chocolates,
you never know what you're going to get.

인생은 초콜릿 상자와 같다,
당신은 어떤 걸 얻게 될지 전혀 모른다.

– 영화 '포레스트 검프'에서 –
(Forrest Gump)

03

when, where, who, how, why

[When] is it?

언제야?

[When] I go to bed
내가 자러 가는

때

앞서 [what]이 다양한 것들과 결합해 다양한 의미로 쓰이는 [레고 블록]처럼 활용 가능하다고 배웠던 것과 마찬가지로, [when, where, who, how, why]도 아래와 같이 [레고 블록]처럼 다양하게 활용될 수 있습니다.

when where who how why	+?	= 언제·어디·누구·어떻게·왜?
		= 언제·어디·누구·방법·이유
	+?	= ( ) 때·곳·사람·방법·이유

예를 들어, [언제?]라고 질문할 때만 썼던 [when]을 [레고 블록]이라 생각하고 이 뒤에 [물음표(?)] 혹은 [사연]을 붙이거나 단독으로 사용하면 아래와 같은 다양한 의미로 확장됩니다. 한번 살펴볼까요?

when + ? = 언제?

when = 언제

when + (사연) = ( ) 때

▼

When is it +? = 언제야?

Tell me when . = 언제인지 말해 줘.

When + [I go to bed] = [내가 자러 가는] 때

정리하자면, 우리가 [육하원칙]이라 부르는 [누가(who), 언제(when), 어디서 (where), 무엇을(what), 어떻게(how), 왜(why)]가 모두 [레고 블록]처럼 다양하게 활용되어 아래와 같이 의미가 확장됩니다. 정말 놀랍죠?

	+?		+(사연)
who	누구?	누구	( ) 사람
when	언제?	언제	( ) 때
where	어디?	어디	( ) 곳
what	뭐?	그것	( ) 것
how	어떻게?	방법	( ) 방법
why	왜?	이유	( ) 이유

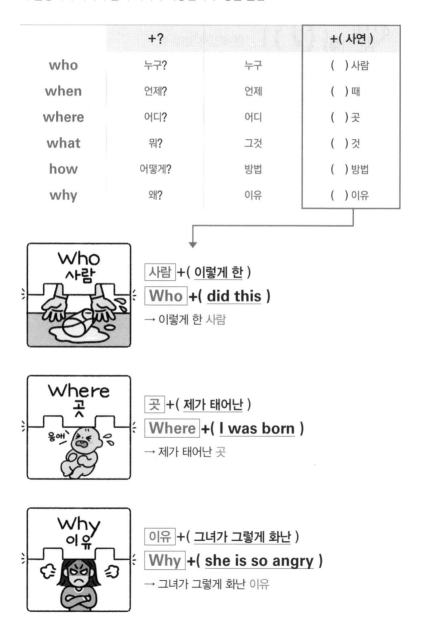

사람 +(이렇게 한)
Who +(did this)
→ 이렇게 한 사람

곳 +(제가 태어난)
Where +(I was born)
→ 제가 태어난 곳

이유 +(그녀가 그렇게 화난)
Why +(she is so angry)
→ 그녀가 그렇게 화난 이유

01 언제인지 말해 줘.

언제인지 말해 줘.

① [when+?] = [언제?]
② [when] = [언제]
③ [when+사연] = [~때]
→ 위 문장은 ②번에 해당

Tell me when.

* Tell me ~. = 나에게 ~을 말해 줘.

02 어디인지 말해 줘.

어디인지 말해 줘.

① [where+?] = [어디?]
② [where] = [어디]
③ [where+사연] = [~곳]
→ 위 문장은 ②번에 해당

Tell me where.

3 누구인지 말해 줘.

누구인지 말해 줘.

① [who+?] = [누구?]
② [who] = [누구]
③ [who+사연] = [~사람]
→ 위 문장은 ②번에 해당

Tell me who.

4 방법을 말해 줘.

방법을 말해 줘.

① [how+?] = [어떻게?]
② [how] = [방법]
③ [how+사연] = [~방법]
→ 위 문장은 ②번에 해당

Tell me how.

이유를 말해 줘.

① [why+?] = [왜?]
② [why] = [이유]
③ [why+사연] = [~이유]
→ 위 문장은 ②번에 해당

Tell me why.

**이것이
내가 자러 가는 때[시간]야.**

때 +(내가 자러 가는)
= when +(I go to bed)

This is when I go to bed.

* 자러 가다 = go to bed

7 이게 제가 태어난 곳이에요.

이곳이
제가 태어난 곳이에요.

곳 +(제가 태어난)
= where +(I was born)

This is <u>where</u> I was born.

* 내가 태어났다 = I was born / 장소를 가리키며 'this'라고 하면 '이곳, 여기'

8 누가 이렇게 했는지 내게 말해.

이걸[이렇게] 한 사람을 내게 말해.

사람 +(이걸[이렇게] 한)
= who +(did this)

Tell me <u>who</u> did this.

* 'do(하다)'의 과거형은 did

그것이
우리가 만났던 **방법**이야.

방법 +(우리가 만났던)
= how +(we met)

That's <u>how we met</u>.

* 'meet(만나다)'의 과거형은 met / '만났던 방법'은 결국 '만나게 된 과정'을 의미.

10 그녀가 그렇게 화난 이유를 잘 모르겠어.

<u>그녀가 그렇게 화난 이유</u>를
잘 모르겠어.

이유 +(그녀가 그렇게 화난)
= why +(she's so angry)

I'm not sure <u>why</u> she's so angry.

* I'm not sure ~. = 난 ~을 확신할 수 없다. = 난 ~을 잘 모르겠다.

5·5·5 연습

① 발음에 집중해서 5번,
② 억양에 집중해서 5번,
③ 내 것처럼 5번씩 따라 말하기

MP3_013

연속 듣기

5·5·5 연습이 끝난 후
한 번에 쭉~ 연이어 듣고
문장 곱씹기

MP3_014

		발음	억양	내것
01	Tell me when.	正	正	正
02	Tell me where.	正	正	正
03	Tell me who.	正	正	正
04	Tell me how.	正	正	正
05	Tell me why.	正	正	正
06	This is <u>when I go to bed</u>.	正	正	正
07	This is <u>where I was born</u>.	正	正	正
08	Tell me <u>who did this</u>.	正	正	正
09	That's <u>how we met</u>.	正	正	正
10	I'm not sure <u>why she's so angry</u>.	正	正	正

문장 10개에 이어 아래의 한글 표현 & 문장들을 영어로 바꿔 말해 봅시다.

11 멈출 때를 말해 줘.

~할 때 = when to ~ / 멈추다 = stop

12 준비되었을 때 이야기해 줘.

준비된 = ready

13 갈 곳을 말해 줘.

~할 곳 = where to ~ / 가다 = go

14 그가 있는 곳을 말해 줘.

15 네가 누구인지 말해 줘.

16 너에게 말한 게 누구인지 말해.

A에게 말하다 = tell A (과거형은 told)

17 하는 방법을 알려 줘.

~하는 방법 = how to ~ / 하다 = do

18 네가 한 방법을 알려 줘.

하다 = do (과거형은 did)

19 네가 날 사랑하는 이유를 말해 줘.

사랑하다 = love

20 네가 그걸(그렇게) 한 이유를 말해 줘.

11   Tell me <u>when to stop</u>.

발음 억양 내것
正 正 正

12   Tell me <u>when you're ready</u>.

발음 억양 내것
正 正 正

13   Tell me <u>where to go</u>.

발음 억양 내것
正 正 正

14   Tell me <u>where he is</u>.

발음 억양 내것
正 正 正

15   Tell me <u>who you are</u>.

발음 억양 내것
正 正 正

16   Tell me <u>who told you</u>.

발음 억양 내것
正 正 正

17   Tell me <u>how to do it</u>.

발음 억양 내것
正 正 正

18   Tell me <u>how you did it</u>.

발음 억양 내것
正 正 正

19   Tell me <u>why you love me</u>.

발음 억양 내것
正 正 正

20   Tell me <u>why you did it</u>.

발음 억양 내것
正 正 正

Wait! 아직 안 끝났어요!

조금만 더 분발해 입근육을 쫙~ 풀어 봅시다!

21 지금이 네가 자러 가는 시간이니?

> 자러 가다 = go to bed

22 이게[이제] 네가 날아오를 때야.

> 날다 = fly

23 여기가 제가 자란 곳입니다.

> 자라다 = grow up (과거형은 grew up)

24 여기가 제가 사는 곳입니다.

> 살다 = live

25 나 누가 그걸(그렇게) 말했는지 몰라.

> 말하다 = say (과거형은 said)

26 너 누가 그렇게 말했는지 맞출 수 있어?

> 너 ~을 맞출 수 있어? = Can you guess ~?

27 그게 우리가 여기서 그걸 하는 방식이야. → 그게 우리의 방식이야.

> 하다 = do / 여기서 = here

28 그게 네가 그걸 하는 방식이니? → 그게 너의 방식이니?

29 나는 그게 일어난 이유를[그 일이 왜 일어나는지] 모르겠어.

> 난 ~을 모르겠어. = I'm not sure ~. / 일어나다 = happen

30 내가 그걸 하는 이유를[내가 왜 그러는지] 나도 모르겠어.

62

21 Is this <u>when you go to bed</u>?

발음 억양 내것
正 正 正

22 This is <u>when you fly</u>.

발음 억양 내것
正 正 正

23 This is <u>where I grew up</u>.

발음 억양 내것
正 正 正

24 This is <u>where I live</u>.

발음 억양 내것
正 正 正

25 I don't know <u>who said that</u>.

발음 억양 내것
正 正 正

26 Can you guess <u>who said that</u>?

발음 억양 내것
正 正 正

27 That's <u>how we do it here</u>.

발음 억양 내것
正 正 正

28 Is that <u>how you do it</u>?

발음 억양 내것
正 正 正

29 I'm not sure <u>why that happens</u>.

발음 억양 내것
正 正 正

30 I'm not sure <u>why I do that</u>.

발음 억양 내것
正 正 正

Paradise is
where I am.

천국은
내가 있는 곳이다.

- 볼테르 -
(Voltaire)

04

that

[직설적]으로

늦었어.

[that]을 써서 [논리적]으로
늦은 것 같아.
늦었다고 생각해.
늦은 게 확실해.
늦어서 어쩌지.

'국민영어법 Starter'를 공부하신 분이라면 [that] = [괄호]라는 것을 아실 겁니다. 그리고 그 괄호의 역할 중 하나가 바로 [논리왕 that]입니다. [논리왕 that]과 함께라면 다양한 뉘앙스를 살려 좀 더 [논리적]으로 영어를 말할 수 있습니다.

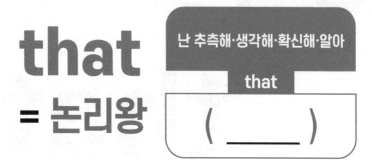

우선 아래의 문장들을 한번 살펴볼까요?

[직설적]인 화법	뉘앙스를 살린 [논리적]인 화법
너 늦었어!	너 늦은 것 같아. (추측) 너 늦은 게 확실해. (확신) 너 늦어서 어쩌니. (걱정) 너 늦은 걸로 보여. (객관적 판단)

지각한 사람에게 "너 늦었어!"라고 말할 수도 있지만 이런 말은 너무 직설적이고 단정적이기 때문에 "너 늦은 것 같아. (추측) / 너 늦은 게 확실해. (확신) / 너 늦어서 어쩌니. (걱정) / 너 늦은 걸로 보여. (객관적 판단)"와 같이 다양한 농도의 말투를 써서 말합니다. 그리고 [같아, 어쩌지, 보여]와 같은 말투를 [뉘앙스]라고 합니다.

그리고 한국어에선 [뉘앙스]가 '뒤'에 나오지만 영어에선 [뉘앙스가] '앞'에 나옵니다. 따라서 [뉘앙스]를 먼저 표현한 후 [that]으로 괄호를 열고 내용을 전달하면 다양한 뉘앙스의 논리적 표현이 가능합니다. (* 실제 회화에선 **that을 곧잘 생략**)

확신	뉘앙스		내용
10~50%	I guess 난 추측해		
50~90%	I think 난 생각해		
90~100%	I'm sure 난 확신해	**+**	that (_____)
100%	I know 난 알아		(____)라고 / 라서

걱정, 공감	I'm afraid 난 안타까워

난 확신해 + (**내가 옳다**)고
I'm sure + that (I'm right)
→ 난 내가 옳다고 확신해.

전 안타까워요 + (**당신을 도울 수 없어**)서
I'm afraid + that (I can't help you)
→ 도와 드릴 수 없어서 어쩌죠.

덧붙여 [whether]와 [if]라는 것도 있습니다. [whether] = ['~인지 아닌지'라는 뜻의 괄호], [if] = ['~라면'이라는 뜻의 괄호]입니다.

Tell me whether **you come to the meeting** [or not].
= 미팅에 오는 건지 아닌 건지 알려 줘.

Tell me if **you come to the meeting**.
= 미팅에 온다면 알려 줘.

01 네가 맞는 것 같아.

확신도 30%

난 추측해 + (__네가 맞다__)고

I guess + that (_____)
↑
you're right
네가 맞다

I guess that __you're right__.

* 올바른, 정확한 = right

02 네가 맞다고 생각해.

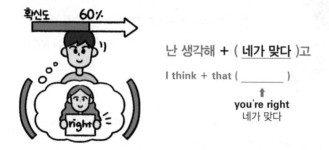

확신도 60%

난 생각해 + (__네가 맞다__)고

I think + that (_____)
↑
you're right
네가 맞다

I think that __you're right__.

3 그게 사실이라고 생각 안 해.

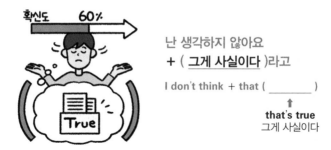

난 생각하지 않아요
+ (__그게 사실이다__)라고

I don't think + that (_____)

⬆
that's true
그게 사실이다

I don't think that **that's true**.

* 사실인, 맞는 = true

4 내가 옳다고 확신해.

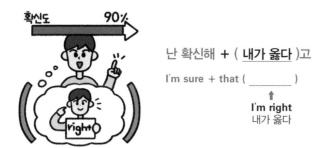

난 확신해 + (__내가 옳다__)고

I'm sure + that (_____)

⬆
I'm right
내가 옳다

I'm sure that **I'm right**.

05 그가 옳았던 것으로 보입니다.

보입니다 + (<u>그가 옳았었다</u>)고

It appears + that (_____)
↑
he was right
그가 옳았었다

It appears that <u>he was right</u>.

* <u>~라고</u> 보입니다. = It appears <u>that</u> ~.

06 도와드릴 수 없어서 어쩌죠.

전 안타까워요
+ (<u>당신을 도울 수 없어</u>)서

I'm afraid + that (_____)
↑
I can't help you
난 당신을 도울 수 없다

I'm afraid that <u>I can't help you</u>.

* 난 ~할 수 없다. = I can't ~. / 돕다 = help

70

7

네가 날 좋아한다는 거 알아.

난 알아 + (**네가 날 좋아한다**)는 걸

I know + that (_____)

↑

you like me
네가 날 좋아한다

I know that **you like me**.

내가 날 수 있다고 믿어.

난 믿어 + (**내가 날 수 있다**)고

I believe + that (_____)

↑

I can fly
내가 날 수 있다

I believe that **I can fly**.

* 난 ~라고 믿어. = I believe that ~. / 난 ~할 수 있다. = I can ~. / 날다 = fly

난 모르겠어
+ (**네가 안다**)는 건지 아니라는 건지

I don't know + whether (_____) or not

↑
you know it
네가 안다

I don't know
whether **you know it** or not.

* A or not = A이거나 A가 아닌

내가 정말 미안해
+ (**내가 너에게 상처를 줬다**)면

I'm so sorry + if (_____)

↑
I hurt you
내가 너에게 상처를 줬다

I'm so sorry if **I hurt you**.

* (너무) 미안한 = (so) sorry / 다치게[아프게] 하다 = hurt

5·5·5 연습

① 발음에 집중해서 5번,
② 억양에 집중해서 5번,
③ 내 것처럼 5번씩 따라 말하기

MP3_019

연속 듣기

5·5·5 연습이 끝난 후
한 번에 쭉~ 연이어 듣고
문장 곱씹기

MP3_020

01　I guess that you're right.

발음　억양　내것
正　正　正

02　I think that you're right.

발음　억양　내것
正　正　正

03　I don't think that that's true.

발음　억양　내것
正　正　正

04　I'm sure that I'm right.

발음　억양　내것
正　正　正

05　It appears that he was right.

발음　억양　내것
正　正　正

06　I'm afraid that I can't help you.

발음　억양　내것
正　正　正

07　I know that you like me.

발음　억양　내것
正　正　正

08　I believe that I can fly.

발음　억양　내것
正　正　正

09　I don't know whether you know it or not.

발음　억양　내것
正　正　正

10　I'm so sorry if I hurt you.

발음　억양　내것
正　正　正

문장 10개에 이어 아래의 한글 표현 & 문장들을 영어로 바꿔 말해 봅시다.

11 (추측) 네 말이 맞는[일리가 있는] 거 같은데.

(∼의 말에) 일리가 있다 = have a point

12 (추측) 네가 이걸 원하지 않는 거 같구나.

네가 원하지 않는다 = you don't want

13 (판단) 내가 틀렸던 것 같아.

틀린 = wrong

14 (판단) 내가 맞았던 것 같아.

올바른, 맞은 = right

15 (판단) 그가 거짓말하고 있다고 생각하지 않아요.

거짓말하다 = lie → 거짓말하고 있는 = lying

16 (판단) 그게 중요하다고 생각하지 않아요.

중요하다 = matter

17 (확신) 나는 이것이 기회라고 확신해.

기회 = opportunity

18 (확신) 좋은 소식이 있을 거라고 확신해.

∼이 있을 것이다 = there will be ∼ / 좋은 소식 = good news

19 여전히 거기 있는 것으로 보여집니다.

여전히 = still / 거기(에) = there

20 그런 것[방식]으로 보입니다.

그런 방법[방식] = that way

11 I guess that you have a point.

발음 억양 내것
正 正 正

12 I guess you don't want this.

발음 억양 내것
正 正 正

13 I think that I was wrong.

발음 억양 내것
正 正 正

14 I think I was right.

발음 억양 내것
正 正 正

15 I don't think that he's lying.

발음 억양 내것
正 正 正

16 I don't think that matters.

발음 억양 내것
正 正 正

17 I'm sure that this is an opportunity.

발음 억양 내것
正 正 正

18 I'm sure there will be good news.

발음 억양 내것
正 正 正

19 It appears that it's still there.

발음 억양 내것
正 正 正

20 It appears that way.

발음 억양 내것
正 正 正

Wait! 아직 안 끝났어요!

조금만 더 분발해 입근육을 쫙~ 풀어 봅시다!

21 또 실패할까 봐 걱정이야.

> 난 ~할 것이다 = I'm going to ~ / 실패하다 = fail / 또[다시] = again

22 부서질 것 같은데 어쩌죠.

> ~할 수도 있다. ~할 것 같다 = might ~ / 부서지다 = break

23 네가 먹은 걸 알아.

> 먹다 = eat (과거형은 ate)

24 난 네가 정말 노력했다는 거 알고 있어.

> 노력하다 = try (과거형은 tried) / 정말 열심히 = very hard

25 난 그가 나를 사랑했다고 믿어.

> 사랑하다 = love (과거형은 loved)

26 난 네가 해낼 것이라고 믿어.

> 해내다[성공하다] = make it

27 그가 여기에 올지 안 올지 모르겠다.

> 여기에 오다[있다] = be here

28 내가 그걸 잘 했는지 못했는지 모르겠다.

> 하다 = do (과거형은 did) / 잘 = well

29 기분 나쁘게 했다면 미안해요.

> 기분 상하게[나쁘게] 하다 = offend (과거형은 offended)

30 제가 틀렸다면 죄송합니다.

> 틀린 = wrong

21   I'm afraid that I'm going to fail again.

발음 억양 내것
正 正 正

22   I'm afraid it might break.

발음 억양 내것
正 正 正

23   I know that you ate it.

발음 억양 내것
正 正 正

24   I know you tried very hard.

발음 억양 내것
正 正 正

25   I believe that he loved me.

발음 억양 내것
正 正 正

26   I believe you will make it.

발음 억양 내것
正 正 正

27   I don't know whether he will be here or not.

발음 억양 내것
正 正 正

28   I don't know whether I did it well or not.

발음 억양 내것
正 正 正

29   I'm sorry if it offended you.

발음 억양 내것
正 正 正

30   I'm sorry if I'm wrong.

발음 억양 내것
正 正 正

Whether you think you can do or you can't, you're right.

당신이 할 수 있다고 생각하든 할 수 없다고 생각하든,
당신은 옳다.

- 헨리 포드 -
(Henry Ford)

05

It ~ that

That I like you [is a secret].
내가 널 좋아한다는 거
비밀이야.

[It is a secret] **that I like you.**
비밀이야!
내가 널 좋아한다는 거.

우리가 말을 할 땐 '가장 처음 언급되는 내용'에 힘이 가장 많이 실립니다. 따라서 처음에 무슨 말을 하는지에 따라 그 말의 첫인상이 결정되는데, 영어에서 **말의 첫인상을 만들 때 쓰는 표현이 바로** [It~that]입니다.

It~that

비밀이야 / 사실이야
중요해 / 다행이야

that

= 첫인상 법칙

(_____)

우선 아래에 나온 두 개의 문장을 살펴볼까요?

That (I like you) / is a secret.
(내가 너 좋아한다)는 거 / 비밀이야.

It is a secret / that (I like you).
비밀이야 / (내가 너 좋아한다)는 거.

두 번째 문장과 같이 '비밀이야'라고 먼저 밝히면, 듣는 사람은 앞으로 듣게 될 내용이 '비밀이구나'라는 첫인상을 가진 채 [that] 뒤에 이어질 내용을 듣게 됩니다. 문법책에선 [It~that]을 '가주어 [it], 진주어 [that]'이라는 어려운 용어로 설명하지만, 우린 이제부터 [It~that] = [첫인상 법칙]이라 부르겠습니다.

사실이야 + (**우리가 늦었다**)는 것은

It is true + that (**we were late**)

→ 우리가 늦은 건 사실이야.

중요해 + (**네가 그걸 안다**)는 것이

It is important

+ that (**you know that**)

→ 네가 그걸 안다는 게 중요해.

　　그리고 [It~] 대신 [I'm~]을 써서 [I'm~that] = [~라서 난 ~해]라는 표현도 말할 수 있습니다. 내 감정을 첫인상으로 말한 후 그런 감정이 드는 이유를 [that] 뒤에 밝히는 거죠. 대부분의 한국인들이 [I'm ~ **because**] = [**~이기 때문에** 난 ~해]라고 말하는데 이젠 [because] 대신 [that]을 써서 세련되게 말해 보세요.

난 기뻐 + (**네가 와**)서

I'm glad + that (**you came**)

→ 와 줘서 기뻐.

　　그리고 위에서 한 발 더 나아가 [that] 자체를 생략할 수도 있습니다. 내 감정을 첫인상으로 말하면 자연스럽게 그 감정이 생긴 이유가 뒤에 나오기 때문에 끊기지 않고 자연스럽게 이어 말하면 [that]이 없어도 오해하지 않습니다.

세련 3단계 ▶ [1단계] I'm glad because you came.

▼

[2단계] I'm glad that you came.

▼

[3단계] I'm glad you came.

01 내가 널 사랑한다는 건 비밀이야.

비밀이야 + (**내가 널 사랑한다**)는 것은

It's a secret + that (_____)

↑

I love you
내가 널 사랑한다

It's a secret that <u>I love you</u>.

* 비밀 = secret / It is ～ = It's ～

02 우리가 늦은 건 사실이야.

사실이야 + (**우리가 늦었다**)는 것은

It's true + that (_____)

↑

we were late
우리가 늦었다

It's true that <u>we were late</u>.

* 사실인 = true / 늦은 = late / 'We are ～(우리는 ～이다)'의 과거형은 'We were ～'

3 네가 그걸 안다는 게 중요해.

중요해 + (__네가 그걸 안다__)는 것이

It's important + that (_____)

↑
you know that
네가 그걸 안다

It's important that **you know that**.

* 중요한 = important / 알다 = know

4 와 줘서 기뻐!

난 기뻐 + (__네가 와__)서

I'm glad + ~~that~~ (_____)

↑
you came
네가 왔다

I'm glad **you came**!

* 기쁜, 좋은 = glad / 오다 = come (과거형은 came)

05 늦어서 미안해.

내가 미안해 **+** (**내가 늦어**)서

I'm sorry + that (_____)

↑
I'm late
내가 늦었다

I'm sorry **I'm late**.

* 미안한, 죄송한 = sorry

06 끝나서 기뻐.

난 기뻐 **+** (**끝나**)서

I'm happy + ~~that~~ (_____)

↑
it's over
끝났다

I'm happy **it's over**.

* 기쁜, 행복한 = happy / 끝난 = over

7 네가 동의해 주니 기뻐.

난 기뻐 + (<u>네가 동의해</u>)서

I'm glad + ~~that~~ (_____)

↑
you agree
네가 동의한다

I'm glad <u>you agree</u>.

* 동의하다 = agree

8 우리가 이걸 하고 있어서 정말 행복해.

난 정말 행복해
+ (<u>우리가 이걸 하고 있어</u>)서

I'm so happy + ~~that~~ (_____)

↑
we're doing this
우리가 이걸 하고 있다

I'm so happy <u>we're doing this</u>.

* 하고 있는 = doing

09 네가 와서 깜짝 놀랐어.

난 놀랐어 + (**네가 와**)서

I'm surprised + ~~that~~ (_____)
↑
you came
네가 왔다

I'm surprised **you came**.

* 놀란 = surprised

10 너무 추워서 감기에 걸렸어.

너무 추웠어
+ 그래서 (**난 감기에 걸렸어**)

It was so cold + that (_____)
↑
I caught a cold
난 감기에 걸렸어

It was so cold that **I caught a cold**.

* 추운; 감기 = cold / 감기에 걸리다 = catch a cold (과거형은 caught a cold)

5·5·5 연습

① 발음에 집중해서 5번,
② 억양에 집중해서 5번,
③ 내 것처럼 5번씩 따라 말하기

MP3_025

연속 듣기

5·5·5 연습이 끝난 후
한 번에 쭉~ 연이어 듣고
문장 곱씹기

MP3_026

		발음	억양	내것
01	It's a secret that I love you.	正	正	正
02	It's true that we were late.	正	正	正
03	It's important that you know that.	正	正	正
04	I'm glad you came.	正	正	正
05	I'm sorry I'm late.	正	正	正
06	I'm happy it's over.	正	正	正
07	I'm glad you agree.	正	正	正
08	I'm so happy we're doing this.	正	正	正
09	I'm surprised you came.	正	正	正
10	It was so cold that I caught a cold.	正	正	正

문장 10개에 이어 아래의 한글 표현 & 문장들을 영어로 바꿔 말해 봅시다.

11 내가 널 사랑한다는 것은 더 이상 비밀이 아니야.

It's no longer ∼. = 더 이상 ∼이 아니다.

12 네가 여기 있다는 거 비밀 아니니?

∼이 아니니? = Isn't it ∼? / 여기 = here

13 제 말이 빠르긴 해요[빠른 건 사실이야].

빨리 말하다, 말이 빠르다 = speak fast

14 그녀가 말이 많긴 하지[많은 건 사실이야].

너무 많이 말하다, 말이 많다 = talk too much

15 우리가 함께라는 것이 중요해.

함께 (있는) = together

16 너가 이해하는 것이 중요해.

이해하다 = understand

17 네가 기뻐서 나도 기뻐.

기쁜 = glad

18 당신이 물어봐 줘서 기쁩니다.

물어보다 = ask (과거형은 asked)

19 제가 이걸 너무 못해서 죄송해요.

∼을 (너무) 못하는 = (so) bad at ∼

20 널 기다리게 만들어서 미안해.

A를 B하게 만들다 = make A B (과거형은 made) / 기다리다 = wait

11   It's no longer a secret that I love you.

발음 억양 내것
正 正 正

12   Isn't it a secret that you're here?

발음 억양 내것
正 正 正

13   It's true that I speak fast.

발음 억양 내것
正 正 正

14   It's true that she talks too much.

발음 억양 내것
正 正 正

15   It's important that we're together.

발음 억양 내것
正 正 正

16   It's important that you understand.

발음 억양 내것
正 正 正

17   I'm glad you're glad.

발음 억양 내것
正 正 正

18   I'm glad you asked.

발음 억양 내것
正 正 正

19   I'm sorry I'm so bad at this.

발음 억양 내것
正 正 正

20   I'm sorry I made you wait.

발음 억양 내것
正 正 正

조금만 더 분발해 입근육을 짝~ 풀어 봅시다!

21 네가 행복하다니 나도 기뻐.

> 행복한, (기분이) 좋은 = happy / 기쁜 = glad

22 비가 안 와서 너무 좋다.

> 비가 오는 = rainy → 비가 안 온다. = It's not rainy.

23 네가 괜찮다니 기뻐.

> 괜찮은 = okay

24 그 말을 듣게 되어 기뻐.

> 난 ~하게 되어 기뻐. = I'm glad to ~ / 듣다 = hear

25 네가 나한테 거짓말해서 기분이 안 좋아.

> ~에게 거짓말하다 = lie to ~ (과거형은 lied to ~)

26 너 눈 오니까 좋아?

> 눈이 오다 = snow → 눈이 오고 있다. = It's snowing.

27 네가 전화해서 놀랐어.

> 놀란 = surprised / 전화하다 = call (과거형은 called)

28 네가 너무 놀래서 나도 놀랐어.

29 너무 시끄러워서 아기가 울었어.

> 시끄러운 = noisy / 울다 = cry (과거형은 cried)

30 너무 감동적이어서 나 소름 돋았어.

> 감동적인 = moving / 소름이 돋다 = get goosebumps

21   I'm glad that you're happy.

발음   억양   내것
正   正   正

---

22   I'm so happy it's not rainy.

발음   억양   내것
正   正   正

---

23   I'm glad that you are okay.

발음   억양   내것
正   正   正

---

24   I'm glad to hear that.

발음   억양   내것
正   正   正

---

25   I'm not happy that you lied to me.

발음   억양   내것
正   正   正

---

26   Are you happy that it's snowing?

발음   억양   내것
正   正   正

---

27   I'm surprised you called.

발음   억양   내것
正   正   正

---

28   I'm surprised you're so surprised.

발음   억양   내것
正   正   正

---

29   It was so noisy that the baby cried.

발음   억양   내것
正   正   正

---

30   It was so moving that I got goosebumps.

발음   억양   내것
正   正   正

**That one can see rightly, it is only with the heart
what is essential is invisible to the eye.**

단지 마음으로만 봐야 정확하게 볼 수 있어,
본질적인 것은 눈에 보이지 않아.

– 소설 '어린 왕자'에서 –
(The Little Prince)

06

접속사, 조동사

[이어주는] 접속사
When + I go, ~

내가 갈 때, ~

[도와주는] 조동사
I must + go.

난 가야 해.

오늘은 문장과 문장을 **이어주는** [접속사], 그리고 [동사]라는 교수님을 조교처럼 **도와주는** [조동사]가 무엇이고 이러한 [접속사]와 [조동사]엔 어떠한 것들이 있는지 자세히 배워 보도록 하겠습니다.

[접속사]는 문장을
이어주고

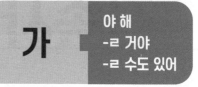

[조동사]는 동사를
도와준다

우선 '① **널 사랑한다** / ② **난 떠난다**'라는 두 문장이 다르게 연결되어 있는 아래의 문장들을 살펴보며 각각의 느낌이 어떤지 파악해 보세요.

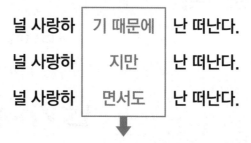

똑같이 사랑하고 떠나는데 어떤 [접속사]로 연결됐는지에 따라 그 느낌이 완전히 달라지죠? 이처럼 같은 문장들이라 하더라도 문장과 문장을 이어주는 [접속사]에 따라 어감이 현저히 달라집니다. 이번 시간엔 [and, but, because]와 같은 접속사 외에 다른 다양한 접속사들도 배워 보겠습니다.

when
사진

while
동영상

as
톱니바퀴

[when] = [한 순간을 찍은 사진(~때)]

[when]은 한 순간을 캐치해 사진을 찍은 느낌입니다. 콕! 집어 그 장면을 찍은 그 '순간[때]'를 떠올리면 이해하기 쉽습니다.

널 처음 봤을+때+ 넌 너무 아름다웠어.

**When I saw you,
you were so beautiful.**

[while] = [돌아가고 있는 동영상(~동안)]

[while]은 두 영상이 동시에 따로 돌아가는 느낌입니다. [when]이 '한 순간'의 느낌이라면 [while]은 '동영상처럼 행동이 이어지는 느낌'이죠. 마치 한석봉 어머니가 한석봉에게 [내가 떡을 써는 동안 너는 글을 쓰거라]라고 말하는 느낌이죠?

내가 자+는 동안+ 그는 떠났어.

**While I was asleep,
he left.**

[as] = [돌아가고 있는 톱니바퀴(~면서)]

[as]는 두 행동이 맞물려 함께 일어나는 느낌입니다. [while]이 두 영상이 따로 돌아가는 느낌이라면 [as]는 한 영상에 두 장면이 함께 나오는 느낌이죠.

난 들어오+면서+ 그를 봤어.

**I saw him
as I was coming in.**

[as ~ as ~] = [동시에 돌아가는 두 개의 톱니바퀴]

[as]가 두 번 쓰이면 톱니바퀴 두 개가 동시에 돌아간다고 보시면 됩니다. 예를 들어 [as **soon** as **possible** = **가능하**면서 **빠르**게 → 가능한 한 빨리], [as **soon** as ~] = ~면서 **빠르**게 → ~(하)자마자]와 같은 표현이 있습니다.

이 메시지를 받+자마자+ 전화 주시겠어요?

**Can you call me
as soon as you get this message?**

[though, although, even though] = [~에도 불구하고, ~일지라도] 또한 많이 쓰이는 접속사입니다. 저는 [though, although, even though]를 [승리의 접속사]라 부르는데요. 각종 힘든 상황에서도 굴하지 않는 느낌이기 때문입니다.

내가 실패할+지라도+ 난 다시 시도할 거야.

**Though I fail,
I will try again.**

그리고 교수님을 돕는 조교처럼 [동사(교수님)] 앞에서 **[동사(교수님)의 뉘앙스를 조절하는 걸 도와주는 단어를 [조동사(조교)]**라고 합니다. 조동사엔 [must, can, could, should, will, would, may, might] 등이 있는데요. 이런 조동사를 잘 활용하면 내가 말하고자 하는 정확한 뉘앙스를 제대로 전달할 수 있습니다. 각각의 [조동사(조교)] 선생님의 성격을 정리하면 아래와 같습니다.

가장 엄격한	**must** (반드시) ~해야 한다. ~임에 틀림없다
덜 엄격한	**should** ~해야 한다(하면 좋다). ~일 것이다
계획성 많은	**will, would** ~할[일] 것이다 (will은 '현실'에서 예상, would는 '상상'하며 예상)
너그러운	**can, could** ~할[일] 수 있다. ~해도 된다
조심스러운	**may, might** ~해도 된다. ~할[일] 수도 있다

위에서 아래로 내려올수록 부드러운 [조동사(조교)]로 바뀌기 때문에 두루뭉술하지만 좀 더 예의 바른 느낌이 들 수 있습니다. 이렇듯 [조동사(조교)]의 다양한 성격을 잘 파악하여 자신이 말하고 싶은 뉘앙스에 잘 대입하면 아래와 같이 다양한 문장들을 원하는 뉘앙스로 말할 수 있습니다.

I must go.   가야 해. (반드시)

I should go.   가야 해. (하면 좋다)

I will go.   갈 거야.

I would go.   가겠지. (상상)

I can go.   갈 수 있어.

I could go.   갈 수 있을 거야. (상상)

I may go.   갈 수도 있어.

I might go.   갈 수도 있을 거야. (상상)

01 이 메시지 받자마자 전화 주시겠어요?

이 메시지를 받+자마자+
전화 주시겠어요?

____자마자 = as soon as ____
OO에게 전화하다 = call OO
OO을 받다 = get OO

Can you call me
as soon as you get this message?

* Can you ~? = ~하실 수 있나요? ~해 주시겠어요?

02 내가 자는 동안 그는 떠났어.

내가 자+는 동안+
그는 떠났어.

____는 동안 = while ____
잠이 든 = asleep
떠나다 = leave (과거형은 left)

While I was asleep, he left.

3   이미 늦었기 때문에 난 자러 갔어.

이미 늦었+기 때문에+ **난 자러 갔어.**

____기 때문에 = since ____
(이미) 늦은 = (already) late
자러 가다 = go to bed (과거형은 went to bed)

Since it was already late, I went to sleep.

4   실패할지라도, 난 다시 시도할 거야.

내가 실패할+지라도+ **난 다시 시도할 거야.**

____지라도 = though ____
실패하다 = fail
(다시) 시도하다 = try (again)

Though I fail, I will try again.

05 내가 알기론 사실이야.

내가 알+기로는+
사실이야.

___기로는, ___는 한 = as far as ____
알다 = know
사실인 = true

As far as I know, it's true.

06 도와 드릴까요?

제가 당신을 도와드려+도 될까요?

[조심스러운 조교]
___해도 된다, ___할 거 같다 = may ____
도와주다 = help

May I help you?

이제 가+셔도 됩니다.

[너그러운 조교]
___해도 된다, ___할 수 있다 = can ___
가다 = go
이제, 지금 = now

You can go now.

전 그걸 하+지 않을 거예요.

[계획성 많은 조교]
___하지 않을 것이다 = wouldn't ___
(그것을) 하다 = do (that)

I wouldn't do that.

너 선크림 발라+야 해.

[덜 엄격한 조교]
____ 해야 한다(하면 좋다) = should ____
(A를) 바르다 = put (A) on
선크림 = sunscreen

You <u>should put</u> some sunscreen <u>on</u>.

10　정말 행복하시겠어요.

당신은 행복한+게 틀림없어요.

[아주 엄격/분명한 조교]
____ 한 게 틀림없다, ____ 해야 한다 = must ____
행복한 = happy

You <u>must be</u> happy.

STEP 2 입에 찰싹! 붙이기

5·5·5 연습

MP3_031

① 발음에 집중해서 5번,
② 억양에 집중해서 5번,
③ 내 것처럼 5번씩 따라 말하기

연속 듣기

MP3_032

5·5·5 연습이 끝난 후
한 번에 쭉~ 연이어 듣고
문장 곱씹기

---

01 Can you call me
as soon as you get this message?

발음 억양 내것
正 正 正

---

02 While I was asleep, he left.

발음 억양 내것
正 正 正

---

03 Since it was already late, I went to sleep.

발음 억양 내것
正 正 正

---

04 Though I fail, I will try again.

발음 억양 내것
正 正 正

---

05 As far as I know, it's true.

발음 억양 내것
正 正 正

---

06 May I help you?

발음 억양 내것
正 正 正

---

07 You can go now.

발음 억양 내것
正 正 正

---

08 I wouldn't do that.

발음 억양 내것
正 正 正

---

09 You should put some sunscreen on.

발음 억양 내것
正 正 正

---

10 You must be happy.

발음 억양 내것
正 正 正

103

문장 10개에 이어 아래의 한글 표현 & 문장들을 영어로 바꿔 말해 봅시다.

11 난 도착하자마자 가방을 풀었어.

도착하다 = arrive (과거형은 arrived) / (짐을) 풀다 = unpack (과거형은 unpacked)

12 그는 나를 보자마자 화를 냈어.

보다 = see (과거형은 saw) / 화가 나다 = get angry (과거형은 got angry)

13 머리 빗겨 주는 동안 가만히 있어.

가만히 있다 = keep still / 네 머리를 빗겨 주다 = brush your hair

14 이거 먹으면서[먹는 동안] 해도 되나요?

이거 해도 되나요? = Can I do this? / 먹다 = eat

15 중국어라서[중국어로 돼 있었기 때문에] 너무 어려웠어요.

너무 어려운 = so hard / 중국어로 된 = in Chinese

16 우리가 처음이라서[처음 하는 것이었기 때문에] 좋았어.

우리의 처음[첫 번째] = our first time → 우리가 처음 하는 것

17 여름이었지만 나는 너무 추웠어.

(비록) ~이었지만 = although ~ / 여름 = summer

18 먹고 싶지만 전 먹을 수 없어요.

~임에도[이지만] = even though ~

19 내가 기억하기로는 그녀는 부산에 살았어.

살다 = live (과거형은 lived) / 기억하다 = remember

20 네가 날 사랑하기만 한다면 난 상관없어.

~하기만 하면 = as long as ~ / 상관하다 = care

11 I unpacked my bags <u>as soon as I arrived</u>.

발음 억양 내것
正 正 正

12 He got angry <u>as soon as he saw me</u>.

발음 억양 내것
正 正 正

13 Keep still <u>while I brush your hair</u>.

발음 억양 내것
正 正 正

14 Can I do this <u>while I eat</u>?

발음 억양 내것
正 正 正

15 It was so hard <u>since it was in Chinese</u>.

발음 억양 내것
正 正 正

16 It was great <u>since it was our first time</u>.

발음 억양 내것
正 正 正

17 I was very cold <u>although it was summer</u>.

발음 억양 내것
正 正 正

18 I can't eat <u>even though I want to</u>.

발음 억양 내것
正 正 正

19 She lived in Busan <u>as far as I can remember</u>.

발음 억양 내것
正 正 正

20 I don't care <u>as long as you love me</u>.

발음 억양 내것
正 正 正

Wait! 아직 안 끝났어요!

조금만 더 분발해 입근육을 쫙~ 풀어 봅시다!

21 당신은 제가 필요할 거예요.

> (아마) ~할 거예요 = might ~ / 필요하다 = need

22 제가 어떻게 도와 드릴까요[드릴 수 있을까요]?

> ~할 수 있다 = can ~ / 도와주다 = help

23 앉으셔도 됩니다.

> ~해도 된다 = can ~ / 좌석을 갖다 = have a seat → 앉다

24 원한다면, 그 펜 가져(가)도 돼.

> 가져가다 = take / ~라면 = if ~

25 좋으실까요[마음에 드실까요]?

> ~하실까요[하시겠는지요]? = Would you ~?

26 내가 안 할 거라고 너한테 말했잖아.

> ~하지 않을 거다 = wouldn't ~ / ~라고 너에게 말했잖아. = I told you ~.

27 우리 놀아야지[놀아야 돼].

> ~해야 한다 = should ~ / 놀다, 어울리다 = hang out

28 나한테 말했어야지!

> A에게 말했어야 한다 = should have told A

29 저 지금 반드시 가야 해요.

> 반드시[꼭] ~해야 한다 = must ~ / 가다 = go

30 손을 꼭 씻으세요[씻어야 합니다].

> 너의 손을 씻다 = wash your hands

21 You <u>might need</u> me.

발음 억양 내것
正 正 正

22 How <u>can</u> I <u>help</u> you?

발음 억양 내것
正 正 正

23 You <u>can have</u> a seat.

발음 억양 내것
正 正 正

24 You <u>can take</u> the pen if you want.

발음 억양 내것
正 正 正

25 <u>Would</u> you <u>like</u> it?

발음 억양 내것
正 正 正

26 I told you I <u>wouldn't do</u> it.

발음 억양 내것
正 正 正

27 We <u>should hang out</u>.

발음 억양 내것
正 正 正

28 You <u>should have told</u> me.

발음 억양 내것
正 正 正

29 I <u>must go</u> now.

발음 억양 내것
正 正 正

30 You <u>must wash</u> your hands.

발음 억양 내것
正 正 正

**A great carpenter isn't going to use
lousy wood for the back of a cabinet,
even though nobody's going to see it.**

위대한 목수는 아무도 보지 않는다고 해서
장롱 뒤에 나쁜 목재를 사용하지 않는다.

07

-en/ed

이렇게 배웠다

과거분사

국영법은 이렇게 알려준다

끝난 느낌
END

우리의 삶에 다양한 규칙들이 존재하듯, 언어에도 언어의 규칙이 있습니다. 이 규칙을 제대로 이해하면 언어를 쉽게 활용할 수 있죠. 이번 시간엔 한국어와 영어의 규칙을 함께 살펴보며 [-en/ed]에 대해 배워 보겠습니다.

-en/ed
= 끝난 느낌

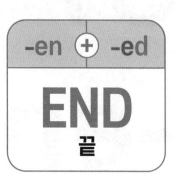

영어에선 동사 뒤에 [-en/ed]을 붙이는 규칙이 있습니다. 문법책에선 이를 [과거분사]라고 설명하는데, 국영법에선 [-en/ed] = [끝난 느낌]이라고 설명합니다. 그리고 놀랍게도 [-en]과 [-ed]를 합하면 [end(끝)]이라는 단어가 만들어지죠. 정말 신기하지 않나요? 우선 우리말과 영어의 규칙을 비교해 봅시다.

우리말	영어
떨어지다 → 떨어진	fall → fallen
튀기다 → 튀긴	fry → fried
부서지다 → 부서진	break → broken
▼	▼
동사 뒤에 [-ㄴ]을 붙여 과거의 느낌을 준다.	동사 뒤에 [-en/ed]를 붙여 과거의 느낌을 준다.

어떤가요? 우리말과 영어에서 각각 어떤 규칙에 따라 동사에 [끝난(과거) 느낌]을 주는지 한눈에 확인할 수 있죠? 이 같은 규칙을 적용하여 영어로 다양한 표현을 만들어 말할 수 있습니다. 바로 아래와 같이 말이죠.

떨어지다 = fall → 떨어진 = fallen

떨어진 잎사귀들

fallen leaves

튀기다 = fry → 튀긴 = fried

튀긴 치킨 (프라이드치킨)

fried chicken

부서지다 = break → 부서진 = broken

부서진 마음

broken heart

그리고 문법책에선 [-en/ed]를 [과거분사]라고 소개하는데요. 왜 [과거분사]라는 어려운 용어를 사용했을까요? 제가 알기 쉽게 설명해 드리겠습니다. 앞서 살펴봤듯이, 영어에선 [-en/ed]를 사용하여 동사의 [뒷부분]만 바꿔서 [끝난(과거) 느낌]을 주는 말로 변신시킵니다. 따라서 [과거]를 표현하기 위해 동사의 뒷부[분]을 바꾼 형태가 바로 [과거분사]라 볼 수 있습니다.

[과거]를 표현하기 위해 동사의 뒷부[분]을 바꾼 말

= [과거분사]

그런데 동사들 중엔 [과거], [과거분사] **형태가** 불규칙하게 변화하는 것들이 있습니다. 예를 들어, 오래된 시골길은 구불구불 [불규칙]하지만, 신도시의 길은 바둑판처럼 [규칙적]으로 만들어져 있습니다. 과거엔 규칙 없이 길이 만들어졌지만 신도시를 세울 땐 규칙을 세워 길을 만들었기 때문이죠.

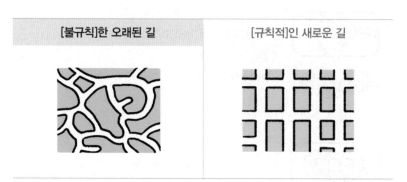

[불규칙]한 오래된 길	[규칙적]인 새로운 길

언어도 마찬가지입니다. 오래 전 언어가 처음 생기기 시작했을 땐 [규칙]이 없었습니다. 따라서 우리가 봤을 때 아주 원초적이고 오래됐을 것 같은 동사들은 바로 **[규칙]이 생기기 이전의 동사들**이기 때문에 불규칙하게 변할 가능성이 매우 높습니다. 이러한 동사들을 [불규칙 변화 동사]라고 합니다. 말 그대로 [규칙 없이 변화하는 동사]라는 뜻이죠.

원초적인 느낌의 동사인가?

eat(먹다), sleep(자다) see(보다), go(가다)			edit(편집하다), search(검색하다) type(타자 치다), plan(계획하다)		
YES [불규칙]			**NO** [규칙]		
원형	과거	과거분사	원형	과거	과거분사
eat	ate	eaten	edit	edited	edited
sleep	slept	slept	search	searched	searched
see	saw	seen	type	typed	typed
go	went	gone	plan	planned	planned

그렇다면 [불규칙 변화 동사]들을 다 외워야 할까요? 다 외울 필요는 없습니다. 하지만 꼭 알아 둘 [불규칙 변화 동사]들이 있습니다. 이러한 동사들은 오랜 시간 속에서도 당당히 살아남은 동사들입니다. 생활에 밀접하게 연관된 중요한 단어들이라는 거죠. 그래서 영어 시간에 선생님께서 아래와 같은 **[불규칙 3단 변화표]**를 외우라고 시키셨을 겁니다. 하지만 무작정 외우실 필요는 없고 "아, 이건 내가 꼭 쓸 것 같아"라는 생각이 드는 동사들을 눈여겨 봐 두시기 바랍니다. 나중에 영어 원서를 읽을 때나 생활 속에서 반드시 만나게 됩니다.

불규칙 3단 변화표

[1단] 원형 – [2단] 과거 – [3단] 과거분사

원형	과거	과거분사	뜻	원형	과거	과거분사	뜻
awake	awoke	awoken	깨우다	fight	fought	fought	싸우다
arise	arose	arisen	일어나다	find	found	found	찾다
be	was/were	been	~이 되다	fit	fit(ted)	fit(ted)	(치수가)맞다
bear	bore	born(e)	낳다	flee	fled	fled	도망가다
beat	beat	beaten	때리다	fling	flung	flung	획 내던지다
become	became	become	~이 되다	fly	flew	flown	날아가다
begin	began	begun	시작하다	forbid	forbade	forbidden	금하다
bend	bent	bent	구부리다	forecast	forecast	forecast	예고하다
bet	bet	bet	장담하다	forget	forgot	forgotten	잊다
bid	bid	bid	(값을)매기다	forgive	forgave	forgiven	용서하다
bind	bound	bound	묶다	forsake	forsook	forsaken	그만두다
bite	bit	bitten	물다	freeze	froze	frozen	얼다
bleed	bled	bled	피 흘리다	get	got	got(ten)	얻다
blow	blew	blown	불다	give	gave	given	주다
break	broke	broken	깨뜨리다	go	went	gone	가다
breed	bred	bred	기르다	grind	ground	ground	갈다
bring	brought	brought	가져오다	grow	grew	grown	자라다

1 떨어진 잎사귀들

떨어진 잎사귀들

떨어지다 = **fall**
떨어진 = **fall**en
잎사귀 = **leaf** (복수형은 **leaves**)

Fallen leaves

2 고장 난 차야.

고장 난 차야.

고장 나다 = **break**
고장 난 = **brok**en

It's a **brok**en car.

내가 튀긴 치킨 가져왔어.

튀기다 = **fry**

튀긴 = **fried**

* fry와 같이 '자음+y'로 끝나는 단어들에
'–ed'가 붙을 땐 y가 i로 변합니다.

I brought <u>fried</u> chicken.

* 가져오다 = bring (과거형은 brought)

전 차갑게 한 커피로 부탁해요.

(얼음으로) 차갑게 하다 = **ice**

(얼음으로) 차갑게 한 = **iced**

* 'e'로 끝나는 단어에 '–ed'가 붙을 땐
d만 붙이면 됩니다.

<u>Iced</u> coffee for me, please.

* 음식/음료 for me, please. = 전 ____으로 부탁해요.

얼린 혼합한 야채

얼리다 = **freeze** → 얼린 = **frozen**
혼합하다 = **mix** → 혼합한 = **mixed**
야채 = **vegetable**

Frozen mixed vegetables

난 사용한 차를 사고 싶어.

사용하다 = **use**
사용한 = **used**
난 ＿＿하고 싶어. = **I'd like to** ＿＿.

I'd like to buy a used car.

* 'used car(사용한 차)'는 곧 '중고차'를 의미.

7 닭이야. 백숙.

닭이야. <u>삶은</u> 닭.

삶다 = **boil**
삶은 = **boil**ed

It's chicken. <u>Boiled</u> chicken.

* 'boiled chicken(삶은 닭)'은 결국 '백숙'을 의미.

8 갈비는 잘 알려진 한국 음식이야.

갈비는 <u>잘 알려진</u> 한국 음식이야.

알다 = **know**
잘 알려진 = **well-known**
한국 음식 = **Korean food**

Galbi is <u>well-known</u> Korean food.

9 눈을 감은 채로 있어.

너의 눈을 감은 상태로 유지해.

감다 = close
감은 = closed
A를 _____하게 유지하다 = keep A _____

Keep your eyes <u>closed</u>.

10 상처 받은 한 어린 소녀가 있어.

부서진 마음을 가진
한 어린 소녀가 있어.

부서지다 = break
부서진 = broken
어린 소녀 = little girl / 마음 = heart

There's a little girl
with a <u>broken</u> heart.

* '부서진 마음을 가졌다'는 건 곧 '상처 받았다'는 의미.

118

5·5·5 연습

① 발음에 집중해서 5번,
② 억양에 집중해서 5번,
③ 내 것처럼 5번씩 따라 말하기

MP3_037

연속 듣기

5·5·5 연습이 끝난 후
한 번에 쭉~ 연이어 듣고
문장 곱씹기

MP3_038

01   <u>Fallen</u> leaves

발음	억양	내것
正	正	正

02   It's a <u>broken</u> car.

발음	억양	내것
正	正	正

03   I brought <u>fried</u> chicken.

발음	억양	내것
正	正	正

04   <u>Iced</u> coffee for me, please.

발음	억양	내것
正	正	正

05   <u>Frozen</u> mixed vegetables

발음	억양	내것
正	正	正

06   I'd like to buy a <u>used</u> car.

발음	억양	내것
正	正	正

07   It's chicken. <u>Boiled</u> chicken.

발음	억양	내것
正	正	正

08   Galbi is a <u>well-known</u> Korean food.

발음	억양	내것
正	正	正

09   Keep your eyes <u>closed</u>.

발음	억양	내것
正	正	正

10   There's a little girl with a <u>broken</u> heart.

발음	억양	내것
正	正	正

119

문장 10개에 이어 아래의 한글 표현 & 문장들을 영어로 바꿔 말해 봅시다.

11   다친[부서진] 마음

부서지다(break) → 부서진(broken)

12   사용한 차 → 중고차

사용하다(use) → 사용한(used)

13   추락한[떨어진] 천사야.

떨어지다(fall) → 떨어진(fallen)

14   이거 정지[정지시킨] 화면인가요?

정지시키다(freeze) → 정지시킨(frozen)

15   나 지난주에 중고차를 샀어.

사다 = buy (과거형은 bought) / 지난주(에) = last week

16   저는 볶음밥[튀긴 밥]을 좋아해요.

튀기다(fry) → 튀긴(fried)

17   구운 치즈 샌드위치 주세요.

굽다(grill) → 구운(grilled)

18   훈제(한) 연어 주실 수 있나요?

훈제하다(smoke) → 훈제한(smoked)

19   종합[혼합한] 격투기

혼합하다(mix) → 혼합한(mixed)

20   (글자로) 쓴 영어 → 문어체 영어

쓰다(write) → 쓴(written)

11 A <u>broken</u> heart

발음 억양 내것
正 正 正

12 A <u>used</u> car

발음 억양 내것
正 正 正

13 It's a <u>fallen</u> angel.

발음 억양 내것
正 正 正

14 Is this a <u>frozen</u> screen?

발음 억양 내것
正 正 正

15 I bought a <u>used</u> car last week.

발음 억양 내것
正 正 正

16 I love <u>fried</u> rice.

발음 억양 내것
正 正 正

17 I'll have a <u>grilled</u> cheese sandwich.

발음 억양 내것
正 正 正

18 Can I have <u>smoked</u> salmon?

발음 억양 내것
正 正 正

19 <u>Mixed</u> martial arts

발음 억양 내것
正 正 正

20 <u>Written</u> English

발음 억양 내것
正 正 正

조금만 더 분발해 입근육을 쫙~ 풀어 봅시다!

21 그들은 부상자들[다친 사람들]을 병원으로 이송했다.

> 다치다(injure) → 다친(injured) / A를 B까지 태워 가다 = drive A to B (과거형은 drove)

22 그는 눈으로 덮인 산을 올랐다.

> 덮다 = cover → 덮인 = covered / 오르다 = climb (과거형은 climbed)

23 프라이드치킨[튀긴 치킨]이야.

> 튀기다(fry) → 튀긴(fried)

24 훈제(한) 치킨이야.

> 훈제하다(smoke) → 훈제한(smoked)

25 그 식당(에서 제공한) 파스타는 정말 맛있었어.

> 재공하다(serve) → 제공한(served) / 식당에서 = at the restaurant

26 나 박스로 포장된 선물을 받았어.

> 포장하다(wrap) → 포장된(wrapped) / 받다 = receive (과거형은 received)

27 마음을 집중한 채로 있어[유지해].

> 집중하다(focus) → 집중한(focused) / A를 B로 유지하다 = keep A B

28 손을 든 상태로 유지하세요. → 손을 계속 들고 있어 주세요.

> 들다(raise) → 든(raised) / 너의 양손 = your hands

29 길을 막고 있는 차가 있어.

> 막다(block) → 막고 있는(blocking) / 길 = way / ~가 있어. = There's ~.

30 다가오고 있는 폭풍이 있어.

> 다가오다(come up) → 다가오고 있는(coming up) / 폭풍 = storm

21 They drove the <u>injured</u> people to the hospital.

발음 억양 내것
正　正　正

22 He climbed a mountain <u>covered</u> with snow.

발음 억양 내것
正　正　正

23 It's <u>fried</u> chicken.

발음 억양 내것
正　正　正

24 It's <u>smoked</u> chicken.

발음 억양 내것
正　正　正

25 The pasta <u>served</u> at the restaurant was very delicious.

발음 억양 내것
正　正　正

26 I received a present <u>wrapped</u> in a box.

발음 억양 내것
正　正　正

27 Keep your mind <u>focused</u>.

발음 억양 내것
正　正　正

28 Keep your hands <u>raised</u>.

발음 억양 내것
正　正　正

29 There's a car <u>blocking</u> the way.

발음 억양 내것
正　正　正

30 There's a storm <u>coming up</u>.

발음 억양 내것
正　正　正

Broken trust is like melted chocolate.
No matter how hard you try to freeze it,
it will never turn to its original shape.

깨진 신뢰는 녹은 초콜릿과 같다.
아무리 단단히 얼리려 열심히 노력해도
결코 원래의 모습으로 돌아가지 않을 것이다.

08

백댄서 법칙

이렇게 배웠다

전치 수식
후치 수식

국영법은 이렇게 알려준다

1명은 앞
2명 이상은 뒤

영어 시간에 '형용사는 명사 앞에서 [전치 수식]을 하고 형용사구와 절은 명사 뒤에서 [후치 수식]을 한다'라는 어려운 말을 들어 본 적이 있을 겁니다. 하지만 국영법에선 쉽게 알려 드릴게요. 바로 [백댄서 법칙]입니다.

우선 아래의 우리말 예시부터 한번 살펴볼까요?

검은 펜

비싼 펜

내 손 안의 펜

이틀 전 백화점에서 내가 산 펜 펜

[펜]과 같이 어떤 대상에 붙은 이름말은 [명사]라 부르고, 이러한 [명사]를 꾸미는 말은 [형용사]라 부릅니다. 우리말에선 [명사]를 꾸미는 말이 짧든 길든 항상 [명사] 앞에 옵니다. [검은 펜, 비싼 펜, 내 손 안의 펜, 이틀 전 백화점에서 내가 산 펜]에서 볼 수 있듯 **우리말은 항상 [명사] 앞에서 [명사]를 꾸미죠.**

하지만 앞의 우리말을 영어로 바꾼 아래의 예시를 살펴봅시다.

black **pen**

expensive **pen**

pen in my hand

pen that I bought at the department store two days ago

공연에서 댄서가 1명일 땐 가수 주변에서 자유롭게 춤추지만, 댄서가 2명 이상일 땐 '가수 뒤'에 있어야 가수를 가리지 않고 춤을 춥니다. 영어에서도 마찬가지입니다. **[한 단어 형용사는] [명사]의 앞에 올 수 있지만 [두 단어 이상의 형용사]는 [명사]의 뒤로 가야** [명사]가 잘 보입니다. 정말 쉽죠? 앞으로는 [전치 수식, 후치 수식] 같은 어려운 말 대신 [백댄서 법칙]이라고 기억해 두세요.

아리랑이라(고 불리)**는 노래**
called Arirang → 2단어 → 뒤로!
A song called Arirang

영국에서 만든 **차**
made in England → 3단어 → 뒤로!
A car made in England

뜨거운 커피로 채워진 **종이컵**
filled with hot coffee → 4단어 → 뒤로!
A paper cup filled with hot coffee

01 영국에서 만든 차

차+(영국에서 만든)

영국에서 만든
= **made in England** → 3단어 → 뒤로!

A car made in England

* 만든 = made / 영국에서 = in England

02 야채를 곁들여 구운 치킨

치킨+(야채를 곁들여 구운)

야채를 곁들여 구운
= **roasted with vegetables** → 3단어 → 뒤로!

Chicken roasted with vegetables

* 구운 = roasted / 야채를 곁들여 = with vegetables

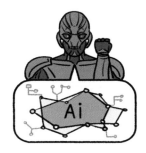

안드로이드+(로봇이 만든)

로봇이 만든
= **designed by a robot** → 4단어 → 뒤로!
* 영화 〈어벤져스 '에이지 오브 울트론'〉에
  나온 캐릭터, 인간이 아닌 'AI 로봇'이 만든
  '울트론(인간 모형의 로봇)'을 의미

An android designed by a robot

* 만든[고안한] = designed / 로봇이 = by a robot

종이컵+(뜨거운 커피로 채워진)

뜨거운 커피로 채워진
= **filled with hot coffee** → 4단어 → 뒤로!

A paper cup filled with hot coffee

* 종이컵 = paper cup / 채워진 = filled / 뜨거운 커피로 = with hot coffee

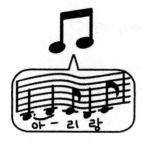

노래+('아리랑'이라고 불리는)

'아리랑'이라고 불리는
= **called** Arirang → 2단어 → 뒤로!

A song called Arirang

* (~이라고) 불리는 = called

[리스트+(우선순위로 정돈된)]가
계획입니다.

우선순위로 정돈된
= **organized by priority** → 3단어 → 뒤로!

A list organized by priority is a plan.

* 계획 = plan / 정돈된 = organized / 우선순위로 = by priority

7 당신에겐 영광으로 가득 찬 심장이 필요합니다.

당신에겐 [심장+(영광으로 가득 찬)]이
필요합니다.

영광으로 가득 찬
= full of grace → 3단어 → 뒤로!

You need a heart full of grace.

* 가득 찬 = full / 영광으로 = of grace

8 롯데타워는 2015년에 지어진 건물입니다.

롯데타워는
[건물+(2015년에 지어진)]입니다.

2015년에 지어진
= built in 2015 → 3단어 → 뒤로!

Lotte Tower is a building built in 2015.

* 지어진 = built / 2015년에 = in 2015

[책+(허준이 쓴)]이야.

허준이 쓴
= **written by Heo Jun** → 3단어 → 뒤로!

It's a book written by Heo Jun.

* 쓴 = written / 허준이 = by Heo Jun

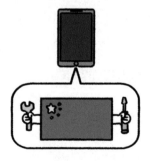

이건
[휴대폰+(중국에서 조립된)]이야.

중국에서 조립된
= **assembled in China** → 3단어 → 뒤로!

This is a phone assembled in China.

* 조립된 = assembled / 중국에서 = in China

STEP 2 입에 찰싹! 붙이기

5·5·5 연습

① 발음에 집중해서 5번,
② 억양에 집중해서 5번,
③ 내 것처럼 5번씩 따라 말하기

MP3_043

연속 듣기

5·5·5 연습이 끝난 후
한 번에 쭉~ 연이어 듣고
문장 곱씹기

MP3_044

01 A car made in England

발음 억양 내것
正 正 正

02 Chicken roasted with vegetables

발음 억양 내것
正 正 正

03 An android designed by a robot

발음 억양 내것
正 正 正

04 A paper cup filled with hot coffee

발음 억양 내것
正 正 正

05 A song called Arirang

발음 억양 내것
正 正 正

06 A list organized by priority is a plan.

발음 억양 내것
正 正 正

07 You need a heart full of grace.

발음 억양 내것
正 正 正

08 Lotte Tower is a building built in 2015.

발음 억양 내것
正 正 正

09 It's a book written by Heo Jun.

발음 억양 내것
正 正 正

10 This is a phone assembled in China.

발음 억양 내것
正 正 正

문장 10개에 이어 아래의 한글 표현 & 문장들을 영어로 바꿔 말해 봅시다.

11 사진으로 만든 책갈피

> 사진으로 만든 = made of the photos / 책갈피 = bookmark

12 캘리포니아에서 디자인된 휴대폰

> 캘리포니아에서 디자인된 = designed in California

13 카놀라유로 구운 팬케이크야.

> 카놀라유로 구운 = baked with canola oil

14 이거 러시아 작가가 쓴 소설이야?

> 러시아 작가가 쓴 = written by Russian author / 소설 = novel

15 나 로봇이 만든 안드로이드를 봤어.

> 로봇이 만든[고안한] = designed by a robot

16 김 선생님이 디자인한 드레스

> 김 선생님이 디자인한 = designed by Mr. Kim

17 수제 쿠키로 채워진 바구니

> 수제 쿠키로 채워진 = filled with homemade cookies / 바구니 = basket

18 연기로 가득한 방

> 연기로 가득한 = filled with smoke / 방 = room

19 '어바웃 타임'이라(불리)는 영화

> OOO이라 불리는 = called OOO / 영화 = movie

20 '훈민정음'이라(불리)는 책

> 책 = book

11 A bookmark made of the photos

발음 억양 내것
正 正 正

12 A phone designed in California

발음 억양 내것
正 正 正

13 It's <u>a pancake baked with canola oil</u>.

발음 억양 내것
正 正 正

14 Is this <u>a novel written by a Russian author</u>?

발음 억양 내것
正 正 正

15 I saw <u>an android designed by a robot</u>.

발음 억양 내것
正 正 正

16 A dress designed by Mr. Kim

발음 억양 내것
正 正 正

17 A basket filled with homemade cookies

발음 억양 내것
正 正 正

18 A room filled with smoke

발음 억양 내것
正 正 正

19 A movie called About Time.

발음 억양 내것
正 正 正

20 A book called 훈민정음.

발음 억양 내것
正 正 正

Wait! 아직 안 끝났어요!

조금만 더 분발해 입근육을 쫙~ 풀어 봅시다!

21 노트를 과목별로 정리하세요[정리된 상태로 유지하세요].

> 과목별로 정리된 = organized by subject / A를 B로 유지하다 = keep A B

22 땅에 떨어진 잎들조차 아름다웠다.

> 땅에 떨어진 = fallen on the ground / 잎사귀들 = leaves / ~조차 = even ~

23 당신에겐 사랑으로 만든 영혼이 필요합니다.

> 사랑으로 만든 = generated by love / 영혼 = soul

24 전 돈으로 가득 찬 계좌가 필요합니다.

> 돈으로 가득 찬 = full of money / 계좌 = account

25 나 '아리랑'이라(고 불리)는 노래를 들었어.

> 듣다 = hear (과거형은 heard)

26 나 '팔만대장경'이라(고 불리)는 책을 읽었어.

> 읽다 = read (과거형은 read)

27 이건 120년 전에 지어진 집이에요.

> 120년 전에 지어진 = built 120 years ago

28 전 쉬운 영어로 쓰여진 책을 원해요.

> 쉬운 영어로 쓰여진 = written in easy English

29 소녀들이 부른 노래야.

> 소녀들이 부른 = sung by girls

30 난 야채로 만든 모든 음식을 좋아해.

> 야채로 만든 = made of vegetable / 모든 음식 = all the food

21   Keep your notes <u>organized by subject</u>.

발음 억양 내것
正   正   正

22   Even <u>the leaves fallen on the ground</u> were beautiful.

발음 억양 내것
正   正   正

23   You need <u>a soul generated by love</u>.

발음 억양 내것
正   正   正

24   I need <u>an account full of money</u>.

발음 억양 내것
正   正   正

25   I heard <u>a song called Arirang</u>.

발음 억양 내것
正   正   正

26   I read <u>a book called 팔만대장경</u>.

발음 억양 내것
正   正   正

27   This is <u>a house built 120 years ago</u>.

발음 억양 내것
正   正   正

28   I want <u>a book written in easy English</u>.

발음 억양 내것
正   正   正

29   It's <u>a song sung by girls</u>.

발음 억양 내것
正   正   正

30   I like <u>all the food made of vegetables</u>.

발음 억양 내것
正   正   正

Everybody can be great,
because anybody can serve.

모두가 위대해질 수 있다,
왜냐면 누구나 봉사할 수 있기 때문이다.

– 마틴 루터 킹 –
(Martin Luther King Jr)

09

수동태

이렇게 배웠다

Be동사+p.p.

국영법은 이렇게 알려준다

~해진
상태입니다

아마 영어 시간에 [수동태]라는 말을 많이 들어 보셨을 텐데요. 용어가 어렵다고 해서 너무 어렵게 생각하지 않아도 됩니다. [수동태]는 [~해진 상태이다]라는 걸 표현할 수 있는 도구라고 생각하면 이해가 쉽습니다.

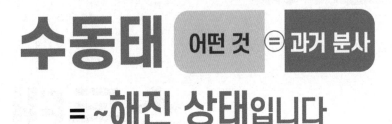

우선 아래에 나온 문장들을 한번 살펴볼까요?

누가	(직접) ~하다
I (내가)	**love you.** (너를 사랑해.)
She (그녀가)	**is walking.** (걷고 있어.)
Minho (민호가)	**is looking for her.** (그녀를 찾고 있어.)

위 문장들은 '누가 (직접) ~하다'라는 구조를 가진 문장들입니다. 내가 (직접) 사랑하고, 그녀가 (직접) 걷고, 민호가 (직접) 찾고 있으니까요. 그런데 이와 달리 '차가 **고장 났습니다** / 비행기가 **취소되었습니다** / 물이 **얼었습니다**'와 같은 문장들은 직접적으로 뭔갈 하는 그 '누군가'가 등장하지 않은 채 '**어떤 것이 ~해진 상태이다**'라고 묘사하는 구조의 문장들입니다.

어떤 것이	~해진 상태이다
차가	고장 났습니다.
비행기가	취소되었습니다.
물이	얼었습니다.

위와 같은 구조의 문장들은 [A is B = A는 B]에 앞서 배운 [과거분사]를 넣어 말하면 됩니다. 마치 '차가 **비싸요** (The car is <u>expensive</u>) / 비행기가 **빨라요** (The flight is <u>fast</u>) / 물이 **차가워요** (The water is <u>cold</u>)'라는 문장들처럼 '고장 나고 취소되고 얼려진 상태' 역시 일종의 '특징'이라 상상해 볼 수 있으니까요.

A is B[과거분사] = A는 B해진 상태이다
B 자리에 [과거분사] 넣어 말하기
▼

break (고장 나다) → brok<u>en</u> (고장 난 상태)
The car <u>is broken</u>.
차가 고장 난 상태입니다.

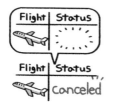

cancel (취소하다) → cancel<u>ed</u> (취소된 상태)
The flight <u>is canceled</u>.
비행기가 취소된 상태입니다.

freeze (얼다) → froz<u>en</u> (얼려진 상태)
The water <u>is frozen</u>.
물이 얼려진 상태입니다.

01 이 차는 고장 났어.

이 차는 고장 났어.

고장 나다 = break
고장 난 (상태) = broken
A는 고장 난 상태야. = A **is broken**.

This car is broken.

02 그 문은 닫혔어.

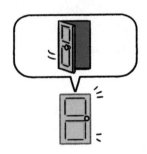

그 문은 닫혔어.

닫다 = close
닫힌 (상태) = closed
A는 닫힌 상태야. = A **is closed**.

The door is closed.

3 이건 '전'이야.

이것은 '전'이라고 불러.

부르다 = **call**
불리는 (상태) = **called**
A는 ~라고 불리는 상태야. = **A is called** ~.

This **is called** Jeon.

4 PDF 파일이 첨부되어 있습니다.

PDF 파일이 첨부되어 있습니다.

첨부하다 = **attach**
첨부된 (상태) = **attached**
A는 첨부된 상태야. = **A is attached**.

The PDF file **is attached**.

05 이 노래는 '아리랑'이야.

이 노래는 '아리랑'이라고 불려.

부르다 = call
불리는 (상태) = called
A는 ~라고 불리는 상태야. = A is called ~.

This song is called Arirang.

06 비행이 취소되었어.

비행이 취소되었어.

취소하다 = cancel
취소된 (상태) = canceled
A는 취소된 상태였어. = A was canceled.

The flight was canceled.

완전히 얼었어.

얼다 = **freeze**
얼려진 (상태) = **frozen**
A는 얼려진 상태야. = **A is frozen**.

It is completely frozen.

* 완전히 = completely / 위에서 [It]는 [허수아비]이기 때문에 해석하지 않음.

이 수업은 '국민영어법'이라고 불려.

부르다 = **call**
불리는 (상태) = **called**
A는 ～라고 불리는 상태야. = **A is called ～**.

This class is called 국민영어법.

09 이 자리는 이미 주인이 있어.

이 자리는 이미 <u>차지되었어</u>.

차지하다 = **take**
차지된 (상태) = **taken**
A는 <u>차지된 상태야</u>. = **A** <u>**is taken**</u>.

This seat <u>is</u> already <u>taken</u>.

* 자리[좌석] = seat / 이미 = already

10 나 파티에 초대 받았어.

나는 파티에 <u>초대되었어</u>.

초대하다 = **invite**
초대된 (상태) = **invited**
나는 <u>초대된 상태야</u>. = **I** <u>**am invited**</u>.

I <u>am invited</u> to the party.

5·5·5 연습

① 발음에 집중해서 5번,
② 억양에 집중해서 5번,
③ 내 것처럼 5번씩 따라 말하기

MP3_049

연속 듣기

5·5·5 연습이 끝난 후
한 번에 쭉~ 연이어 듣고
문장 곱씹기

MP3_050

---

01 This car is broken.

발음 억양 내것
正 正 正

---

02 The door is closed.

발음 억양 내것
正 正 正

---

03 This is called Jeon.

발음 억양 내것
正 正 正

---

04 The PDF file is attached.

발음 억양 내것
正 正 正

---

05 This song is called Arirang.

발음 억양 내것
正 正 正

---

06 The flight was canceled.

발음 억양 내것
正 正 正

---

07 It is completely frozen.

발음 억양 내것
正 正 正

---

08 This class is called 국민영어법.

발음 억양 내것
正 正 正

---

09 This seat is already taken.

발음 억양 내것
正 正 正

---

10 I am invited to the party.

발음 억양 내것
正 正 正

147

문장 10개에 이어 아래의 한글 표현 & 문장들을 영어로 바꿔 말해 봅시다.

11 도로가 통제되었어[차단되었어].

차단하다(block) → 차단된(blocked) / 길, 도로 = road

12 그 앨범은 1977년 12월에 나왔어[출시됐어].

출시하다(release) → 출시된(released) / 12월 = December

13 그 문은 잠겼어.

잠그다(lock) → 잠긴(locked)

14 그 문은 페인트칠 됐어.

페인트칠하다(paint) → 페인트칠이 된(painted)

15 이건 '마카롱'이야['마카롱'이라고 불려].

부르다(call) → 불린(called)

16 너 이거 뭐라고 불리는지 알아? → 너 이거 이름이 뭔지 알아?

너 ~을 알아? = Do you know ~?

17 꽃이 문에 붙어 있어.

붙이다(attach) → 붙여진(attached) / 꽃 = flower

18 누가 이거 붙였어?

누가 ~해? = Who ~?

19 이 영화는 'Sign'이야['Sign'이라고 제목이 붙었어].

제목을 붙이다(title) → 제목이 붙은(titled)

20 이 강아지는 'Happy'야['Happy'라고 이름 지어졌어].

이름 짓다(name) → 이름 지어진(named)

11   The road was blocked.

발음 억양 내것
正 正 正

12   The album was released in December 1977.

발음 억양 내것
正 正 正

13   The door is locked.

발음 억양 내것
正 正 正

14   The door is painted.

발음 억양 내것
正 正 正

15   This is called Macaron.

발음 억양 내것
正 正 正

16   Do you know what this is called?

발음 억양 내것
正 正 正

17   A flower is attached to the door.

발음 억양 내것
正 正 正

18   Who attached this?

발음 억양 내것
正 正 正

19   The movie is titled Sign.

발음 억양 내것
正 正 正

20   The dog is named Happy.

발음 억양 내것
正 正 正

조금만 더 분발해 입근육을 짝~ 풀어 봅시다!

21 비행은 비로 인해 연기되었어.

> 연기하다(delay) → 연기된(delayed) / ~으로 인해 = because of ~ / 비 = rain

22 비행기가 왜 지연되었나요?

> A가 왜 ~인가요? = Why is A ~?

23 완전히 걸렸어.

> 걸리다(jam) → 걸린(jammed) / 완전히 = completely

24 완전히 테이프로 봉해졌어.

> 테이프로 봉하다(tape) → 테이프로 봉한(taped)

25 이거 뭐라고 불려? → 이거 이름이 뭐야?

26 왜 이게 '피터팬'이야['피터팬'이라고 불려]?

27 그 피아노는 고쳐졌어.

> 고치다(fix) → 고쳐진(fixed) / 피아노 = piano

28 그 문제는 해결됐어.

> 해결하다(solve) → 해결된(solved) / 문제 = problem

29 나는 미션을 받았어.

> 받다(give) → 받은(given) / 미션 = mission

30 지리산은 1967년 국립공원으로 지정되었다.

> 지정하다(designate) → 지정된(designated) / ~으로 = as ~ / 국립공원 = national park

21	The flight **was delayed** because of rain.	발음 억양 내것 正 正 正
22	Why is the flight delayed?	발음 억양 내것 正 正 正
23	It's completely jammed.	발음 억양 내것 正 正 正
24	It's completely taped.	발음 억양 내것 正 正 正
25	What is it called?	발음 억양 내것 正 正 正
26	Why is this called Peter Pan?	발음 억양 내것 正 正 正
27	The piano is fixed.	발음 억양 내것 正 正 正
28	The problem is solved.	발음 억양 내것 正 正 正
29	I was given a mission.	발음 억양 내것 正 正 正
30	Mt. Jiri **was** designated as a national park in 1967.	발음 억양 내것 正 正 正

**If you would be loved
love and be lovable.**

당신이 사랑 받고자 한다면
사랑하고 사랑스러운 존재가 되어라.

– 벤자민 프랭클린 –
(Benjamin Franklin)

대한민국 · 기초영어말하기 · 교과서 · 국민영어법

10

-ing

이렇게 배웠다

현재
분사

국영법은 이렇게 알려준다

굴러가는
바퀴

[-ing]라는 말 들어 본 적 있으시죠? 문법책에서 [현재분사]라 불리는 [-ing] 역시 앞서 배운 [과거분사]처럼 동사 일부를 변신시켜 다양하게 써먹을 수 있는 법칙 중 하나입니다. 오늘은 이 [-ing]에 대해 배워 보도록 하겠습니다.

[현재분사]는 [동사] 뒤에 [-ing]를 붙인 형태를 말합니다.

동사+ing

동사 뒤에 [-ing]가 붙으면 [-ㅇ] 발음이 추가되는 느낌인데요. 동그스름한 [-ㅇ] 발음의 이미지처럼 [-ing]는 [(현재) 굴러가고 있는 동그란 바퀴] **이미지**라고 상상하시면 됩니다. [-ing]는 엄청난 재주꾼입니다. 동사에 [-ing]를 붙임으로써 다양한 용도로 활용할 수 있기 때문입니다. 바로 아래와 같이 말이죠.

sing (노래하다) → singing

① ~하고 있는 → 노래하고 있는
② ~하기, ~하는 것 → 노래하기, 노래하는 것
③ ~하느라, ~하면서 → 노래하느라, 노래하면서

특히 이번 시간엔 [-ing]의 역할 중 그 첫 번째, [~하고 있는]이라는 쓰임새에 대해 배워 보겠습니다. 우선 아래의 나온 [과거분사(-en / ed)]와 [현재분사(-ing)]를 비교한 예시를 통해 이 둘의 차이점부터 파악해 봅시다.

break (고장 나다) → broken (고장 난)
→ 고장 난 걸로 과거에 끝나서 종결된 상태
The car is broken.
차가 고장 난 상태이다.

move (움직이다) → moving (움직이고 있는)
→ 움직이는 동작을 현재 계속하고 있는 상태
The car is moving.
차가 움직이고 있는 상태이다.

앞서 볼 수 있듯이 [과거분사(-en / ed)]가 '이미 끝난 느낌'이라면 [현재분사(-ing)]는 '현재 진행되고 있는 느낌'입니다. 그리고 [현재분사]라는 용어는 [현재]의 느낌을 주기 위해 동사의 뒷부[분]을 고친 것의 줄임말이라고 생각하시면 됩니다. 정말 간단하죠? 이제 [~하고 있는]이라는 쓰임새를 정확히 알았다면 아래와 같은 표현들도 쉽게 이해할 수 있습니다.

a talking cat
말하고 있는 고양이

a smiling face
웃고 있는 얼굴

A baby is crying.
아기가 울고 있어.

01 말하는 고양이야.

말하고 있는 고양이야.

말하다 = talk
말하고 있는 (상태) = talking
말하고 있는 고양이 = talking cat

It's a talking cat.

* 백댄서 법칙에 따라 [한 단어로 된 말]은 [명사] 앞에 옴.

02 고양이가 말하고 있어.

고양이가 말하고 있어.

말하다 = talk
말하고 있는 (상태) = talking
고양이가 말하고 있는 상태야.
= A cat is talking.

A cat is talking.

저 <u>웃고 있는 얼굴</u>을 봐.

웃다 = smile
웃고 있는 (상태) = smiling
웃고 있는 얼굴 = smiling face

Look at that <u>smiling face</u>.

* ~을 봐. = Look at ~.

그녀는 <u>웃고 있어</u>.

웃다 = smile
웃고 있는 (상태) = smiling
그녀는 웃고 있는 상태야.
= She is smiling.

She is <u>smiling</u>.

울고 있는 아기가 있어.

울다 = **cry**
울고 있는 (상태) = **crying**
울고 있는 아기 = crying **baby**

There is <u>a crying baby</u>.

* ~이 있어. = There is ~.

아기가 울고 있어.

울다 = **cry**
울고 있는 (상태) = **crying**
아기가 울고 있는 상태야.
= **A baby is** <u>crying</u>.

A baby is <u>crying</u>.

7 스파게티를 끓는 물에 넣어.

스파게티를 <u>끓고 있는</u> 물에 넣어.

끓다 = **boil**
끓고 있는 (상태) = **boiling**
끓고 있는 물 = **boiling** water

Add spaghetti to <u>the boiling water</u>.

* A를 B에 넣어. = Add A to B.

8 밖에서 널 기다리는 차가 있어.

<u>밖에서 널 기다리고 있는</u> 차가 있어.

기다리다 = **wait**
기다리고 있는 (상태) = **waiting**
(밖에서 널) 기다리고 있는 차
= **car** waiting (**for you outside**)

There is <u>a car waiting for you outside</u>.

* '백댄서 법칙'에 따라 [두 단어 이상으로 된 말]은 [명사] 뒤쪽으로 감.

09 코끼리를 소화시키고 있는 보아뱀 그림이었다.

코끼리를 소화시키고 있는 보아뱀 그림이었다.

소화시키다 = digest
소화시키고 있는 (상태) = digesting
(코끼리를) 소화시키고 있는 보아뱀
= boa constrictor digesting (an elephant)

It was a picture of
a boa constrictor digesting an elephant.

* 그림; 사진 = picture

10 난 어린 왕자가 오고 있는 것을 봤다.

난 어린 왕자가 오고 있는 걸 봤다.

A가 ___하고 있는 걸 보다
= see A ___-ing
어린 왕자 = the little prince
오다 = come

I saw the little prince coming.

* see(보다)의 과거형은 saw

5·5·5 연습

① 발음에 집중해서 5번,
② 억양에 집중해서 5번,
③ 내 것처럼 5번씩 따라 말하기

MP3_055

연속 듣기

5·5·5 연습이 끝난 후
한 번에 쭉~ 연이어 듣고
문장 곱씹기

MP3_056

01   It's <u>a talking cat</u>.

발음	억양	내것
正	正	正

02   A cat <u>is talking</u>.

발음	억양	내것
正	正	正

03   Look at that <u>smiling face</u>.

발음	억양	내것
正	正	正

04   She <u>is smiling</u>.

발음	억양	내것
正	正	正

05   There is <u>a crying baby</u>.

발음	억양	내것
正	正	正

06   A baby <u>is crying</u>.

발음	억양	내것
正	正	正

07   Add spaghetti to <u>the boiling water</u>.

발음	억양	내것
正	正	正

08   There is <u>a car waiting for you outside</u>.

발음	억양	내것
正	正	正

09   It was a picture of
     <u>a boa constrictor digesting an elephant</u>.

발음	억양	내것
正	正	正

10   I <u>saw</u> the little prince <u>coming</u>.

발음	억양	내것
正	正	正

문장 10개에 이어 아래의 한글 표현 & 문장들을 영어로 바꿔 말해 봅시다.

11 날으는 자동차다.

날다(fly) → 날고 있는(flying)

12 움직이는 목표물이야.

움직이다(move) → 움직이고 있는(moving) / 목표물 = target

13 그 차는 날고 있어.

14 타겟이 움직이고 있어.

15 자고 있는 아이

자다(sleep) → 자고 있는(sleeping)

16 침낭

* 여기서 'sleeping'은 '자고 있는'이 아니라 '수면용의'라는 뜻으로 풀이.

17 아이가 자고 있어.

아이, 아기 = baby

18 나는 침낭을 하나 샀어.

사다 = buy (과거형은 bought)

19 널 찾고 있는 한 남자가 있어.

~을 찾다(look for ~) → ~을 찾고 있는(looking for) / 남자 = guy

20 나무에서 노래하는 새들이 너무 귀여워.

노래하다(sing) → 노래하고 있는(singing) / 새 = bird / 나무 = tree / 귀여운 = cute

11   It's <u>a flying car</u>.

발음 억양 내것
正 正 正

12   It's <u>a moving target</u>.

발음 억양 내것
正 正 正

13   The car <u>is flying</u>.

발음 억양 내것
正 正 正

14   The target <u>is moving</u>.

발음 억양 내것
正 正 正

15   A sleeping baby

발음 억양 내것
正 正 正

16   A sleeping bag

발음 억양 내것
正 正 正

17   A baby <u>is sleeping</u>.

발음 억양 내것
正 正 正

18   I bought <u>a sleeping bag</u>.

발음 억양 내것
正 正 正

19   There is <u>a guy looking for you</u>.

발음 억양 내것
正 正 正

20   <u>The birds singing in the tree</u> are so cute.

발음 억양 내것
正 正 正

Wait! 아직 안 끝났어요!

조금만 더 분발해 입근육을 쫙~ 풀어 봅시다!

21 한 남자가 널 찾고 있어.

22 귀여운 새들이 나무에서 노래하고 있어.

23 전 아침마다 끓인 물 한 컵을 마셔요.

끓이다(boil) → 끓인(boiled) / ~ 한 컵 = a cup of ~ / 아침에 = in the morning

24 꼬들밥이네요[밥이 단단하게 삶아졌네요], 그렇죠?

단단하게 삶다(hard-boil) → 단단하게 삶아진(hard-boiled) / 그렇죠? = right?

25 날 기다리는 차가 있나요?

~을 기다리다(wait for ~) → ~을 기다리고 있는(waiting for ~)

26 저게 날 기다리는 차인가요?

저게 ~인가요? = Is that ~?

27 사방으로 달리는 강아지였어.

달리다(run) → 달리고 있는(running) / 사방으로 = around

28 한국 전통 선물을 판매하는 상점이야.

팔다(sell) → 팔고 있는(selling) / 한국 전통 선물 = Korean traditional gift

29 핑크색 마스크를 쓰고 있는 한 남자를 봤어.

쓰다(wear) → 쓰고 있는(wearing)

30 깃발을 흔들고 있는 한 여자를 봤어.

흔들다(wave) → 흔들고 있는(waving) / 깃발 = flag

21 A guy <u>is looking</u> for you.

발음 억양 내것
正   正   正

---

22 The cute birds <u>are singing</u> in the tree.

발음 억양 내것
正   正   正

---

23 I drink a cup of <u>boiled water</u> in the morning.

발음 억양 내것
正   正   正

---

24 Rice <u>is hard-boiled</u>, right?

발음 억양 내것
正   正   正

---

25 Is there <u>a car waiting for me</u>?

발음 억양 내것
正   正   正

---

26 Is that <u>a car waiting for me</u>?

발음 억양 내것
正   正   正

---

27 It was <u>a dog running around</u>.

발음 억양 내것
正   正   正

---

28 It's <u>a shop selling Korean traditional gifts</u>.

발음 억양 내것
正   正   正

---

29 I <u>saw</u> a guy <u>wearing a pink mask</u>.

발음 억양 내것
正   正   正

---

30 I <u>saw</u> a woman <u>waving a flag</u>.

발음 억양 내것
正   正   正

I believe I can soar,
I see me running through that open door.

난 내가 날아오를 수 있다고 믿어,
저 열린 문을 지나 뛰어가는 내 모습이 보여.

– 노래 'I Believe I Can Fly'에서 –
(Singer – R. Kelly)

11

-ing

이렇게 배웠다
동명사

국영법은 이렇게 알려준다
바퀴가 굴러가며
~하는 것

우린 본업이 개그맨인데 앨범을 내고 가수 활동을 하는 사람들을 '개가수(개그맨 출신 가수)'라고 말하곤 합니다. [-ing]도 마찬가지입니다. 동사 뒤에 붙어서 동사가 [~하는 것]이라는 뜻의 [명사]로도 활동하게 만드니까요.

팔다리가 없이 태어난 '닉부이치치'라는 호주 청년은 한국의 한 방송 프로그램에 출연해서 아래와 같이 자기소개를 했습니다.

Hello, my name is Nick Vuijicic.
I love traveling around the world,
fishing, golfing, and swimming.
I love living life. I am happy.

안녕하세요. 저는 닉부이치치입니다.
저는 세계 여행하는 것을 좋아하고,
낚시하기, 골프하기, 수영하기를 좋아합니다.
저는 인생을 사는 것이 좋습니다. 저는 행복합니다.

닉부이치치의 소개에서 색깔로 표시해 놓은 표현들을 잘 보면, [여행하는 것(traveling), 낚시하기(fishing), 골프하기(golfing), 수영하기(swimming), 사는 것(living)]이란 표현들 모두 [여행하다(travel), 낚시하다(fish), 골프를 하다(golf), 수영하다(swim), 살다(live)]라는 동사에서 나온 표현들입니다. 이처럼 영어에선 **[동사→명사]로 바꾸는 법칙이 바로 [동사-ing]입니다.**

여행하다 = **travel**
여행하기, 여행하는 것 = **traveling**
I love **traveling** (around the world).
저는 (세계를) 여행하는 것을 정말 좋아합니다.

살다 = **live**
살기, 사는 것 = **living**
I love **living** (life).
저는 (인생을) 사는 것이 정말 좋습니다.

앞서 우린 [-ing] = [굴러가고 있는 바퀴]의 이미지라고 배웠습니다. 따라서 [~하기, ~하는 것]이란 뜻의 [동사-ing] 역시 [굴러가고 있는 바퀴] 이미지와 연관 지으면 됩니다. [계속해서 바퀴가 굴러가는 것] = [계속해서 ~하는 것]이라고 생각하면 이해가 쉽겠죠? 그리고 위에 나온 예문에서 볼 수 있듯이 [동사-ing(~하기, ~하는 것)]은 한 문장에 동사 2개가 나오지 않도록 도와줍니다.

stop = 그만하다 / eat = 먹다

Stop eat. → 먹다를 그만해. (X)

Stop eating. → 먹는 것을 그만해. (O)

01 전 세계 여행하는 것을 정말 좋아합니다.

전 세계를 여행하는 것을
정말 좋아합니다.

여행하다 = travel
여행하기, 여행하는 것 = traveling
여행하는 것을 정말 좋아하다 = love traveling

I love traveling around the world.

* 사랑하다; 정말 좋아하다 = love / 전 세계에 걸쳐 = around the world

02 전 인생을 사는 게 정말 좋아요.

전 인생을 사는 것을 정말 좋아해요.

살다 = live
살기, 사는 것 = living
사는 것을 정말 좋아하다 = love living

I love living life.

* 삶, 인생 = life / '-e'로 끝나는 단어들은 e를 빼고 -ing를 붙임.

전 <u>운동하는 것</u>을 안 좋아해요.

운동하다 = **work out**
운동하기, 운동하는 것 = **work**ing out
<u>운동하는 것을 안 좋아하다</u>
= **don't like** <u>working out</u>

I don't like <u>working out</u>.

<u>먹는 것</u>을 그만해.

먹다 = **eat**
먹기 , 먹는 것 = **eat**ing
<u>먹는 것을 그만하다</u> = **stop** <u>eat</u>ing

Stop <u>eat</u>ing.

가는 것을 계속해.

가다 = go
가기, 가는 것 = going
가는 것을 계속하다 = keep going

Keep going.

난 피아노 연주하기를 잘해.

연주하다 = play
연주하기, 연주하는 것 = playing
피아노 연주하기를 잘하는
= good at playing the piano

I'm good at playing the piano.

07 난 말하는 거에 지쳤어.

난 <u>말하는 것</u>에 지쳤어.

말하다 = **talk**
말하기, 말하는 것 = **talking**
말하는 것에 지친 = **tired of talking**

I'm tired of **talking**.

08 내 스케치는 모자 그림이 아니었다.

내가 <u>그리는 것</u>은
모자 그림이 아니었다.

그리다 = **draw**
그리기, 그리는 것 = **drawing**
나의[내가] <u>그리는 것</u> = **my drawing**

My <u>drawing</u> was not a picture of a hat.

* ～의 그림 = a picture of ～ / 모자 = hat

온 것에 대해 고마워.

오다 = come
오기, 오는[온] 것 = coming
온 것에 대해 고마워.
= Thank you for coming.

Thank you for coming.

* 당신에게 ~에 대해 고맙다. = Thank you for ~.

보는 것이 믿는 것이다.

보다 = see
보기, 보는 것 = seeing
믿다 = believe
믿기, 믿는 것 = believing

Seeing is believing.

5·5·5 연습

① 발음에 집중해서 5번,
② 억양에 집중해서 5번,
③ 내 것처럼 5번씩 따라 말하기

MP3_061

연속 듣기

5·5·5 연습이 끝난 후
한 번에 쭉~ 연이어 듣고
문장 곱씹기

MP3_062

01   I love <u>traveling</u> around the world.

발음 억양 내것
正 正 正

02   I love <u>living</u> life.

발음 억양 내것
正 正 正

03   I don't like <u>working out</u>.

발음 억양 내것
正 正 正

04   Stop <u>eating</u>.

발음 억양 내것
正 正 正

05   Keep <u>going</u>.

발음 억양 내것
正 正 正

06   I'm good at <u>playing</u> the piano.

발음 억양 내것
正 正 正

07   I'm tired of <u>talking</u>.

발음 억양 내것
正 正 正

08   My <u>drawing</u> was not a picture of a hat.

발음 억양 내것
正 正 正

09   Thank you for <u>coming</u>.

발음 억양 내것
正 正 正

10   <u>Seeing</u> is <u>believing</u>.

발음 억양 내것
正 正 正

문장 10개에 이어 아래의 한글 표현 & 문장들을 영어로 바꿔 말해 봅시다.

11 전 노래하고 기타 치는 걸 좋아해요.

> 노래하다 = sing / 기타를 치다 = play the guitar

12 전 낚시, 골프, 수영을 좋아해요.

> 낚시하다 = fish / 골프를 치다 = golf / 수영하다 = swim

13 전 책 읽는 게 좋아요.

> 읽다 = read / 책 = book

14 전 영화 보는 걸 좋아해요.

> 보다, 관람하다 = watch / 영화 = movie

15 전 혼자 먹는 걸 안 좋아해요.

> 혼자 먹다 = eat alone

16 전 돈 이야기 하는 걸 안 좋아해요.

> (~에 대해) 이야기를 하다 = talk (about ~)

17 노래하는 걸 그만해. → 노래 부르지 마.

> 그만하다 = stop / 노래하다 = sing

18 춤추기를 그만해. → 그만 춤춰.

> 춤추다 = dance

19 보는 것을 계속해. → 계속 봐.

> 계속하다, 유지하다 = keep / 보다, 관람하다 = watch

20 그게 진행되는 걸 유지시켜. → 계속 진행시켜.

> 움직이다; 진행되다 = move

176

11   I love <u>singing</u> and <u>playing</u> the guitar.

발음 억양 내것
正 正 正

12   I love <u>fishing</u>, <u>golfing</u>, and <u>swimming</u>.

발음 억양 내것
正 正 正

13   I like <u>reading</u> books.

발음 억양 내것
正 正 正

14   I like <u>watching</u> movies.

발음 억양 내것
正 正 正

15   I don't like <u>eating</u> alone.

발음 억양 내것
正 正 正

16   I don't like <u>talking</u> about money.

발음 억양 내것
正 正 正

17   Stop <u>singing</u>.

발음 억양 내것
正 正 正

18   Stop <u>dancing</u>.

발음 억양 내것
正 正 正

19   Keep <u>watching</u>.

발음 억양 내것
正 正 正

20   Keep it <u>moving</u>.

발음 억양 내것
正 正 正

조금만 더 분발해 입근육을 쫙~ 풀어 봅시다!

21 난 떨어지는 게 두려워.

> 난 ~이 무서워. = I'm afraid of ~. / 떨어지다 = fall

22 난 상처 받는 게 두려워.

> 상처 받다 = get hurt

23 난 기다리는 거에 지쳤어.

> 난 ~에 지쳤어. = I'm tired of ~. / 기다리다 = wait

24 난 생각하는 거에 지쳤어.

> 생각하다 = think

25 내(가) 스케치(하는 것)는 너의 그림이었어.

> 그리다. 스케치하다 = draw / ~의 그림 = a picture of ~

26 그는 내 요리(하는 것)를 좋아해.

> 요리하다 = cook

27 초대해 줘서[초대해 준 것에 대해] 고마워요.

> ~에 (대해) 고마워요. = Thank you for ~. / 초대하다 = invite

28 그렇게 말해 주셔서[말해 준 것에 대해] 고맙습니다.

> (그렇게) 말하다 = say (that)

29 잠(자는 것)은 뇌에도 좋습니다.

> 잠을 자다 = sleep / ~에 좋은 = good for ~ / 당신의 뇌 = your brain

30 달리기[달리는 것]는 살을 빼는 가장 쉬운 방법입니다.

> ~하는 (가장 쉬운) 방법 = (the easiest) way to ~ / 살을 빼다 = lose weight

5·5·5연습 　　연속 듣기

MP3_065　　MP3_066

	발음	억양	내것

21 I'm afraid of <u>falling</u>.
正 正 正

22 I'm afraid of <u>getting</u> hurt.
正 正 正

23 I'm tired of <u>waiting</u>.
正 正 正

24 I'm tired of <u>thinking</u>.
正 正 正

25 My <u>drawing</u> was a picture of you.
正 正 正

26 He loves my <u>cooking</u>.
正 正 正

27 Thank you for <u>inviting</u> me.
正 正 正

28 Thank you for <u>saying</u> that.
正 正 正

29 <u>Sleeping</u> is also good for your brain.
正 正 正

30 <u>Running</u> is the easiest way to lose weight.
正 正 正

179

**Seeing much, suffering much and
studying much are the three pillars of learning.**

많이 보고, 많이 부딪히고
많이 공부하는 것이 배움의 세 가지 기둥이다.

– 벤저민 디즈레일리 –
(Benjamin Disraeli)

대한민국·기초영어말하기·교과서·국민영어법

12

-ing

이렇게 배웠다

분사
구문

국영법은 이렇게 알려준다

~하면서
굴러가는 바퀴

앞서 우린 [-ing]라는 바퀴가 동사 뒤에 붙어서 [~하고 있는], [~하기, ~하는 것]이란 표현을 만든다고 배웠습니다. 이번 시간엔 [-ing]가 만들 수 있는 세 번째 표현, [~하느라, ~하면서]를 배워 보도록 하겠습니다.

~하면서 **-ing** 굴러가는 바퀴

오프라 윈프리는 2008년 스탠포드대학교 연설에서 'I was happy doing my talk show'라는 말을 했었습니다. 자, 그럼 위 문장을 아래의 3단계 과정에 따라 어떻게 만들어진 문장인지 살펴보도록 하겠습니다.

저는 토크쇼를 진행하였습니다.
그러면서 저는 행복했습니다.

▼

토크쇼를 진행하면서 저는 행복했습니다.

▼

I was happy doing my talk show .
Doing my talk show , I was happy.

[저는 토크쇼를 진행하였습니다. 그러면서 저는 행복했습니다.]라는 두 개의 문장 모두 동일인이 겪은 일을 말하고 있습니다. 따라서 '저는' 이란 말을 두 번 쓸 필요 없이 첫 번째 문장의 '저는'은 빼도 됩니다. 그리고 두 문장 모두 [동시에 연이어 일어나고 있는 일]이기 때문에 **계속 진행 중인 바퀴 이미지의 [-ing]를 써서 [~하면서, ~하느라]라는 표현**을 만들 수 있습니다. (* 덧붙여 [-ing]로 시작되는 덩어리 부분은 문장 뒤뿐 아니라 앞에도 위치할 수 있습니다.)

토크쇼를 <u>진행하면서</u> = **doing** my talk show

저는 토크쇼를 진행하였습니다. 그러면서
저는 행복했습니다.

위와 같은 쓰임새를 알았으니, 이제 아래의 문장들도 잘 이해되시겠죠?

나는 일하였어. 그러느라 나는 너무 바빴어.
일하느라 나는 너무 바빴어.
I was too busy working .

나는 영화를 보았어. 그러면서 나는 잠들었어.
영화를 보다가 나는 잠들었어.
I fell asleep watching a movie .

나는 대학을 졸업하였어. 그러면서 나는 취업했어.
대학을 졸업하면서 나는 취업했어.
Gradating from college ,
I got a job.

01 전 토크쇼를 진행하며 늘 행복했습니다.

전 제 토크쇼를 하면서
늘 행복했습니다.

하다 = do
하면서 = doing
(제 토크쇼를) 하면서 = doing (my talk show)

I was always happy <u>doing my talk show</u>.

* 항상, 늘 = always / 행복한 = happy

02 나 일하느라 너무 바빴어.

나 일하느라 너무 바빴어.

일하다 = work
일하느라 = working
너무 바쁜 = too busy

I was too busy <u>working</u>.

3 나 영화 보다가 잠들었어.

나 <u>영화를 보다가</u> 잠들었어.

보다 = **watch**
보다가 = **watching**
(영화를) 보다가 = **watching (a movie)**

I fell asleep <u>watching a movie</u>.

* 잠들다 = fall asleep (과거형은 fell asleep)

4 대학을 졸업하면서, 전 취업을 했습니다.

<u>대학을 졸업하면서,</u>
전 취업을 했습니다.

졸업하다 = **graduate**
졸업하면서 = **graduating**
(대학을) 졸업하면서 = **graduating (from college)**

<u>Graduating from college</u>, I got a job.

* 직장을 구하다, 취업하다 = get a job (과거형은 got a job)

아파서, 난 수업에 빠졌어.

아픈 = **sick**
아프다 = **be sick**
아파서 = **being sick**

Being sick, I skipped the class.

* 빠지다, 건너뛰다 = skip (과거형은 skipped)

다이어트에 대해 이야기하며,
우린 치킨을 먹었어.

이야기하다 = **talk**
이야기하며 = **talking**
(다이어트에 대해) 이야기하며 = **talking (about diet)**

Talking about diet, we ate chicken.

* 먹다 = eat (과거형은 ate)

7 당신과 이야기를 나눠서 좋았어요.

당신과 이야기해서 좋았어요.

이야기하다 = talk
이야기해서 = talking
(당신과) 이야기해서 = talking (to you)

Nice talking to you.

* 위 문장은 앞에 'It was'가 생략된 형태라고 생각하면 됨.

8 이 장소를 찾느라 힘들었어요.

이 장소를 찾느라 힘들었어요.

찾다 = find
찾느라 = finding
(이 장소를) 찾느라 = finding (the place)

I had a hard time finding the place.

* 힘든 시간을 갖다[보내다] = have a hard time (과거형은 had a hard time)

나 <u>테스트 준비하느라</u> 밤샜어.

준비하다 = **prepare**
준비하느라 = **preparing**
(테스트를) 준비하느라 = **preparing (for the test)**

I was up all night <u>preparing</u> for the test.

* 밤새 깨 있는, 밤새는 = up all night

---

10 다른 사람 인생을 사느라 낭비하지 마.

다른 사람 인생을 <u>사느라</u> 낭비하지 마.

살다 = **live**
사느라 = **liv**ing
(다른 사람의 인생을) 사느라
= **liv**ing (**someone else's life**)

Don't waste it <u>living</u> someone else's life.

* ～하지 마. = Don't ～. / 낭비하다 = waste

5·5·5 연습

MP3_067

① 발음에 집중해서 5번,
② 억양에 집중해서 5번,
③ 내 것처럼 5번씩 따라 말하기

연속 듣기

MP3_068

5·5·5 연습이 끝난 후
한 번에 쭉~ 연이어 듣고
문장 곱씹기

01   I was always happy <u>doing my talk show</u>.

발음 억양 내것
正　正　正

02   I was too busy <u>working</u>.

발음 억양 내것
正　正　正

03   I fell asleep <u>watching a movie</u>.

발음 억양 내것
正　正　正

04   <u>Graduating from college</u>, I got a job.

발음 억양 내것
正　正　正

05   <u>Being sick</u>, I skipped the class.

발음 억양 내것
正　正　正

06   <u>Talking about diet</u>, we ate chicken.

발음 억양 내것
正　正　正

07   Nice <u>talking to you</u>.

발음 억양 내것
正　正　正

08   I had a hard time <u>finding the place</u>.

발음 억양 내것
正　正　正

09   I was up all night <u>preparing for the test</u>.

발음 억양 내것
正　正　正

10   Don't waste it <u>living someone else's life</u>.

발음 억양 내것
正　正　正

문장 10개에 이어 아래의 한글 표현 & 문장들을 영어로 바꿔 말해 봅시다.

11 제가 해외를 여행하는 동안 전 행복했어요.

~인 동안 = while + 문장 / 해외를 여행하다 = travel abroad

12 이 책을 읽는 동안 전 좀 슬펐어요.

~하는 동안 = while + 동사-ing / 읽다 = read

13 나 말하느라 바빴어.

이야기하다, 말하다 = talk

14 나 지도 보느라 바빴어.

~을 보다 = look at ~ / 지도 = map

15 우리 엄마는 보다가 심지어 우셨어!

심지어 = even / 울다 = cry (과거형은 cried) / 보다 = watch

16 나 스노우보드 타다가 넘어졌어.

넘어지다 = fall down (과거형은 fell down) / 스노우보드를 타다 = snowboard

17 널 만나고 난 후에, 나 이걸 샀어.

~한 후에 = after + 동사-ing / 사다 = buy (과거형은 bought)

18 너와 이야기한 후에, 난 마술에 관심이 생겼어.

~와 이야기하다 = talk to ~ / ~에 관심을 갖다 = get interested in ~

19 할 숙제가 없어서, 난 TV를 봤어.

~가 없다 = have no ~ / 할 숙제 = homework to do

20 그를 너무 사랑했기에, 난 그를 용서했어.

용서하다 = forgive (과거형은 forgave)

11   I was happy while I was <u>traveling abroad</u>.

발음 억양 내것
正   正   正

12   I was sad while <u>reading this book</u>.

발음 억양 내것
正   正   正

13   I was busy <u>talking</u>.

발음 억양 내것
正   正   正

14   I was busy <u>looking at the map</u>.

발음 억양 내것
正   正   正

15   My mom even cried (while) <u>watching it</u>!

발음 억양 내것
正   正   正

16   I fell down (while) <u>snowboarding</u>.

발음 억양 내것
正   正   正

17   After <u>seeing you</u>, I bought this.

발음 억양 내것
正   正   正

18   After <u>talking to you</u>, I got interested in magic.

발음 억양 내것
正   正   正

19   <u>Having no homework to do</u>, I watched TV.

발음 억양 내것
正   正   正

20   <u>Loving him so much</u>, I forgave him.

발음 억양 내것
正   正   正

조금만 더 분발해 입근육을 쫙~ 풀어 봅시다!

21 치킨을 먹으면서, 무를 먹었어.

먹다 = eat / 치킨 = chicken / 먹다[마시다] = have (과거형은 had)

22 무를 먹으면서, 우린 다이어트 이야기를 했어.

~에 대해 이야기하다 = talk about ~ (과거형은 talked about ~)

23 당신을 만나서 반가웠어요.

만나다 = meet

24 당신과 이야기해서 반가웠어요.

~해서 좋았다[반가웠다]. = It was nice 동사-ing. / ~에게 이야기하다 = speak to ~

25 난 시간 관리하느라 힘들었어.

시간을 관리하다 = manage time

26 난 아이를 돌보느라 어려움을 겪었어.

어려움을 갖다[겪다] = have difficulty / 내 아이를 돌보다 = take care of my child

27 나 숙제를 하느라 밤샜어.

밤새다 = stay up all night (과거형은 stayed up all night)

28 나 컴퓨터 게임을 하느라 밤샜어.

밤새다 = be up all night / 컴퓨터 게임을 하다 = play computer games

29 난 자느라 시간 낭비하고 싶지 않아.

난 ~하고 싶지 않다. = I don't want to ~. / 시간 낭비하다 = waste time

30 난 요리하고 청소하느라 하루를 다 보냈어.

하루를 다 보내다 = spend all day (과거형은 spent all day) / 청소하다 = clean

21   Eating chicken, I had 무.

발음 억양 내것
正 正 正

22   Eating 무, we talked about diet.

발음 억양 내것
正 正 正

23   Nice meeting you.

발음 억양 내것
正 正 正

24   It was nice speaking to you.

발음 억양 내것
正 正 正

25   I had a hard time managing time.

발음 억양 내것
正 正 正

26   I had difficulty taking care of my child.

발음 억양 내것
正 正 正

27   I stayed up all night doing my homework.

발음 억양 내것
正 正 正

28   I was up all night playing computer games.

발음 억양 내것
正 正 正

29   I don't want to waste time sleeping.

발음 억양 내것
正 正 正

30   I spent all day cooking and cleaning.

발음 억양 내것
正 正 正

Your time is limited.
So, don't waste it living someone else's life.

인생은 무한하지 않습니다.
다른 사람의 인생을 사느라 자신의 인생을 낭비하지 마세요.

– 스티브 잡스 –
(Steve Jobs)

13

감정 표현

이렇게 배웠다

[능동]의 감정동사
[수동]의 감정동사

국영법은 이렇게 알려준다

화살을 쏘았나요?
화살을 맞았나요?

영어로 감정을 표현하는 방법을 어디까지 알고 계신가요? 혹시 [happy(행복한), sad(슬픈), angry(화난)] 정도의 단어만 알고 계시다면 이번 시간엔 **과거분사** [-ed]와 **현재분사** [-ing]를 활용해 감정을 표현하는 방법도 배워 봅시다.

우선 아래의 두 문장을 살펴보도록 합시다.

지루해. ('기분이 지루한' 상황)

지루해. ('영화가 지루한' 상황)

우리말로는 위와 같이 '지루해'라고만 말해도 크게 문제가 없습니다. '(내 기분이) 지루한' 건지 '(영화가) 지루한 건지 구분하지 않아도 의미가 전달되니까요. 반면 **영어는 우리말과 달리 정확하게 말해 줘야 합니다**. 'bore'는 '지루하게 만들다'라는 뜻이기 때문에 [-ed]를 붙이면 [지루하게 된]이라는 뜻이 되고 [-ing]를 붙이면 [지루하게 만들고 있는] 이라는 뜻이 됩니다.

I am bored. = 나는 지루해[지루하게 됐어].

The movie is boring. = 영화는 지루해[지루하게 만들고 있어].

'bore'의 경우와 마찬가지로, 영어의 감정 동사들은 '~한 감정으로 만들다'라는 뜻을 갖고 있습니다. 따라서 감정 동사에 [-ed]를 붙이느냐 [-ing]를 붙이느냐에 따라 뜻이 완전히 달라집니다. 이 표현들을 내 것으로 만드는 꿀팁을 알려 드릴게요. 바로 [손가락 연습법]입니다. 손가락으로 가리키는 대상이 감정의 화살을 **맞아서** '(기분이) ~하게 된' 거면 [-ed]를 붙이고, 손가락으로 가리키는 대상이 감정의 화살을 **쏘아서** '(기분을) ~하게 만들고 있는' 거면 [-ing]를 붙이세요.

감정 동사	감정 동사-ed	감정 동사-ing
bore 지루하게 만들다	**bored** 지루하게 된[만들어진]	**boring** 지루하게 만들고 있는
annoy 짜증나게 만들다	**annoyed** 짜증나게 된[만들어진]	**annoying** 짜증나게 만들고 있는
excite 신나게 만들다	**excited** 신나게 된[만들어진]	**exciting** 신나게 만들고 있는

> 감정의 화살을 <u>맞아서</u> '**(기분이)** ~하게 된' 거면 [-ed]
> 감정의 화살을 <u>쏘아서</u> '**(기분이)** ~하게 만들고 있는' 거면 [-ing]

나를 가리키며 '짜증나게 된'
I'm annoyed. = 나 짜증나.

대상을 가리키며 '짜증나게 만들고 있는'
It's annoying. = (이거) 짜증나.

나를 가리키며 '신나게 된'
I'm excited. = 나 신나.

대상을 가리키며 '신나게 만들고 있는'
It's exciting. = (이거) 신난다.

나 피곤하게 됐어.
피곤하게 만들고 있어.

tire = 피곤하게 만들다
tired (←) = 피곤하게 된
tiring (→) = 피곤하게 만들고 있는

I'm <u>tired</u>. / It's <u>tiring</u>.

나 흥미롭게 됐어.
흥미롭게 만들고 있어.

interest = 흥미롭게 만들다
interested (←) = 흥미롭게 된
interesting (→) = 흥미롭게 만들고 있는

I'm <u>interested</u>. / It's <u>interesting</u>.

3 나 짜증나. / 짜증나.

나 짜증나게 됐어.
짜증나게 만들고 있어.

annoy = 짜증나게 만들다
annoyed (←) = 짜증나게 된
annoying (→) = 짜증나게 만들고 있는

I'm <u>annoyed</u>. / It's <u>annoying</u>.

4 나 신나. / 신난다.

나 신나게 됐어.
신나게 만들고 있어.

excite = 신나게 만들다
excited (←) = 신나게 된
exciting (→) = 신나게 만들고 있는

I'm <u>excited</u>. / It's <u>exciting</u>.

05 나 감동 받았어. / 감동적이야.

나 감동 받게 됐어.
감동 받게 만들고 있어.

touch = 감동 받게 만들다
touched (←) = 감동 받게 된
touching (→) = 감동 받게 만들고 있는

I'm touched. / It's touching.

06 나 지루해. / 파워포인트가 지루해.

나 지루하게 됐어.
파워포인트가 지루하게 만들고 있어.

bore = 지루하게 만들다
bored (←) = 지루하게 된
boring (→) = 지루하게 만들고 있는

I'm bored. / PowerPoint is boring.

나 **놀라게** 됐어.
그거 **놀라게** 만들고 있어.

surprise = 놀라게 만들다
surprised (←) = 놀라게 된
surprising (→) = 놀라게 만들고 있는

I'm surprised. / That's surprising.

저 **실망하게** 됐어요.
그거 너무 **실망하게** 만들고 있네요.

disappoint = 실망하게 만들다
disappointed (←) = 실망하게 된
disappointing (→) = 실망하게 만들고 있는

I'm disappointed.
/ That's so disappointing.

09 나 혼란스러워. / 혼란스러워.

나 혼란스럽게 됐어.
혼란스럽게 만들고 있어.

confuse = 혼란스럽게 만들다
confused (←) = 혼란스럽게 된
confusing (→) = 혼란스럽게 만들고 있는

I'm <u>confused</u>. / It's <u>confusing</u>.

10 나 너무 당황스러워. / 너무 당황스럽네.

나 너무 <u>당황스럽게 됐어</u>.
너무 <u>당황스럽게 만들고 있어</u>.

embarrass = 당황스럽게 만들다
embarrassed (←) = 당황스럽게 된
embarrassing (→) = 당황스럽게 만들고 있는

I'm so <u>embarrassed</u>.
/ It's so <u>embarrassing</u>.

5·5·5 연습

① 발음에 집중해서 5번,
② 억양에 집중해서 5번,
③ 내 것처럼 5번씩 따라 말하기

MP3_073

연속 듣기

5·5·5 연습이 끝난 후
한 번에 쭉~ 연이어 듣고
문장 곱씹기

MP3_074

01 I'm tired. / It's tiring.

발음 억양 내것
正 正 正

02 I'm interested. / It's interesting.

발음 억양 내것
正 正 正

03 I'm annoyed. / It's annoying.

발음 억양 내것
正 正 正

04 I'm excited. / It's exciting.

발음 억양 내것
正 正 正

05 I'm touched. / It's touching.

발음 억양 내것
正 正 正

06 I'm bored. / PowerPoint is boring.

발음 억양 내것
正 正 正

07 I'm surprised. /That's surprising.

발음 억양 내것
正 正 正

08 I'm disappointed. /That's so disappointing.

발음 억양 내것
正 正 正

09 I'm confused. / It's confusing.

발음 억양 내것
正 正 正

10 I'm so embarrassed. / It's so embarrassing.

발음 억양 내것
正 正 正

문장 10개에 이어 아래의 한글 표현 & 문장들을 영어로 바꿔 말해 봅시다.

11 너 피곤해?

피곤하게 만들다 = tire / 너 ~이니? = Are you ~?

12 훈련은 참 피곤해.

훈련 = training

13 너 걔[그]한테 관심 있니?

관심[재미] 있게 만들다 = interest

14 그거 재미있게 들리네. → 그거 재밌겠는데.

그거 ~하게 들리네. = That sounds ~.

15 그녀가 짜증이 났었니?

짜증나게 만들다 = annoy / 그녀가 ~였니? = Was she ~?

16 제가 짜증나게 하고 있나요?

제가 ~인가요? = Am I ~?

17 너 내일(에 대해) 기대돼?

신나게[기대에 들뜨게] 만들다 = excite / 내일 = tomorrow

18 (어떤 대상이) 진짜 신난다!

정말[진짜] ~하다! = How ~!

19 감동 받으셨나요?

감동 받게 만들다 = touch

20 난 그녀의 친절에 감동 받았어.

그녀의 친절 = her kindness

11   Are you <u>tired</u>?

발음 억양 내것
正 正 正

12   Training is so <u>tiring</u>.

발음 억양 내것
正 正 正

13   Are you <u>interested</u> in him?

발음 억양 내것
正 正 正

14   That sounds <u>interesting</u>.

발음 억양 내것
正 正 正

15   Was she <u>annoyed</u>?

발음 억양 내것
正 正 正

16   Am I <u>annoying</u>?

발음 억양 내것
正 正 正

17   Are you <u>excited</u> for tomorrow?

발음 억양 내것
正 正 正

18   How <u>exciting</u>!

발음 억양 내것
正 正 正

19   Are you <u>touched</u>?

발음 억양 내것
正 正 正

20   I was <u>touched</u> by her kindness.

발음 억양 내것
正 正 正

Wait! 아직 안 끝났어요!

조금만 더 분발해 입근육을 쫙~ 풀어 봅시다!

21 넌 인생이 지겹니?

지겹게 만들다 = bore / 너의 인생 = your life

22 내가 널 지겹게 하니?

23 너 놀랐니?

놀라게 만들다 = surprise

24 놀라운 결과네요.

결과 = result

25 왜 실망하셨나요?

실망하게 만들다 = disappoint / 왜 당신은 ~인가요? = Why are you ~?

26 꽤 실망스러운 하루였어요.

꽤 ~한 = pretty ~ / 하루[날] = day

27 제 이름이 헷갈리셨나요?

헷갈리게 만들다 = confuse / 나의 이름 = my name

28 좀 헷갈릴 수 있어요.

~일 수 있어요. = It might be ~.

29 당황하셨나요?

당황하게[부끄럽게] 만들다 = embarrass

30 제가 당신을 부끄럽게 만들고 있나요? → 제가 부끄러워요?

21   Are you <u>bored</u> with your life?

발음 억양 내것
正 正 正

22   Am I <u>boring</u> you?

발음 억양 내것
正 正 正

23   Are you <u>surprised</u>?

발음 억양 내것
正 正 正

24   It's a <u>surprising</u> result.

발음 억양 내것
正 正 正

25   Why are you <u>disappointed</u>?

발음 억양 내것
正 正 正

26   It was a pretty <u>disappointing</u> day.

발음 억양 내것
正 正 正

27   Are you <u>confused</u> with my name?

발음 억양 내것
正 正 正

28   It might be <u>confusing</u>.

발음 억양 내것
正 正 正

29   Are you <u>embarrassed</u>?

발음 억양 내것
正 正 正

30   Am I <u>embarrassing</u> you?

발음 억양 내것
正 正 正

**Challenges are what make life interesting
and overcoming them is
what makes life meaningful.**

도전이 인생을 재미있게 만들고,
극복은 인생을 의미 있게 만든다.

- 조슈아 J. 마린 -
(Joshua J. Marine)

14

to 마법사

이렇게 배웠다

to 부정사의
[형용사적] 용법

국영법은 이렇게 알려준다
첫 번째 마법
[하다] → [할]

예전에 배웠던 [to]의 이미지를 기억하시나요? 바로 a와 b를 [굵은 실선으로 연결하는 그림]이었습니다. 그런데 이러한 [to]가 동사가 함께 쓰이면 세 가지 마법을 부리게 되는데요. 그 중 하나가 바로 [하다 → 할]로 **바꾸는 마법**입니다.

to 마법사

= 앞으로 ~할

우선, 우리말의 규칙을 볼게요. [~하다]와 같은 동사에 [-ㄹ]을 붙이면 [~할]이라는 미래의 뉘앙스를 가지게 됩니다.

마시다 + -ㄹ = 마실

먹다 + -ㄹ = 먹을

사다 + -ㄹ = 살

그렇다면 영어에서 [미래의 뉘앙스]를 주는 규칙은 무엇일까요? 바로 [앞으로 이어지는 그림]의 이미지를 가진 [to]를 **동사 앞에 붙이는 것**입니다.

to+동사 = ~할

따라서 앞서 나온 '마실, 먹을, 살'을 영어로 바꿔 말할 땐 아래와 같이 [drink, eat, buy] 앞에 [to]만 붙이면 됩니다. 정말 쉽죠?

to + drink (마시다) = to drink (마실)

to + eat (먹다) = to eat (먹을)

to + buy (사다) = to buy (살)

그리고 [한 단어]는 [명사] 앞에 오지만 [2개 이상의 단어]는 [명사] 뒤에 온다고 했던 [백댄서 법칙] 기억나시죠? 따라서 [to+동사]는 2개 이상으로 된 단어이기 때문에 [명사] 뒤에 위치하여 명사를 꾸밉니다.

drink (마시다) → to drink (마실)

마실 물

water to drink

eat (먹다) → to eat (먹을)

먹을 것

something to eat

money (사다) → to drink (살)

커피를 살[사ㄹ] 돈

money to buy coffee

문법책에선 [to+동사]의 [~할]이라는 쓰임새를 [to 부정사의 형용사적 용법]이라고 설명합니다. 너무 어렵죠? 따라서 앞으로 [to] = [앞으로 이어지는 화살표 이미지]를 떠올리며 [앞으로 ~할]이라는 느낌으로 접근하면 이해하기 쉽습니다.

1 저에게 마실 물이 있어요.

저에게 마실 물이 있어요.

마시다 = drink
마실 = to drink
마실 물 = water to drink

I have <u>water to drink</u>.

* 저에게 ~이 있어요. = I have ~.

2 나 너에게 말할 게 있어.

나 너에게 말할 것이 있어.

너에게 말하다 = tell you
너에게 말할 = to tell you
너에게 말할 것 = something to tell you

I have <u>something to tell you</u>.

너 먹을 것이 있니?

먹다 = eat
먹을 = to eat
먹을 것 = something to eat

Do you have something to eat?

* 너 ~이 있니? = Do you have ~?

마실 것이 좋으실까요[드릴까요]?

마시다 = drink
마실 = to drink
마실 것 = something to drink

Would you like something to drink?

* 'Would you like ~?'는 어떤 것을 좋아할지[원할지] 정중히 묻는 표현.

5 난 어디로 갈지 모르겠어.

난 갈[가-ㄹ] 곳을 모르겠어.

가다 = go
가-ㄹ = to go
가-ㄹ 곳 = where to go

I don't know where to go.

* '갈 곳을 모르겠다'는 건 결국 '어디로 갈지 모르겠다'는 의미.

6 헤어질 시간이야.

'안녕'이라고 말할 시간이야.

'안녕'이라고 말하다 = say good-bye
'안녕'이라고 말할 = to say good-bye
'안녕'이라고 말할 시간 = time to say good-bye

It's time to say good-bye.

* '안녕이라고 말할 시간'은 곧 '헤어질 시간'을 의미.

7 나 커피 살 돈이 필요해.

나 커피를 살[사─ㄹ] 돈이 필요해.

커피를 사다 = buy coffee
커피를 사─ㄹ = to buy coffee
커피를 사─ㄹ 돈 = money to buy coffee

I need **money** to **buy coffee**.

8 난 그릴 줄 몰랐어.

난 그릴 방법을 몰랐어.

그리다 = draw
그릴 = to draw
그릴 방법 = how to draw

I didn't know **how** to **draw**.

9 나 끝내야 할 게 있어.

나 <u>끝낼 것</u>이 있어.

끝내다 = finish
끝낼 = to finish
끝낼 것 = something to finish

I have <u>something to finish</u>.

10 그는 이 문제와 관련이 있어.

**그는 이 문제와 관련해
<u>할[하ㅡㄹ] 것</u>이 있어.**

하다 = do
하ㅡㄹ = to do
하ㅡㄹ 것 = something to do

He has <u>something to do</u>
with the matter.

* 'have something to do with ～'는 '～와 관련이 있다'는 의미로 풀이됨.

5·5·5 연습

① 발음에 집중해서 5번,
② 억양에 집중해서 5번,
③ 내 것처럼 5번씩 따라 말하기

MP3_079

연속 듣기

5·5·5 연습이 끝난 후
한 번에 쭉~ 연이어 듣고
문장 곱씹기

MP3_080

01 I have <u>water to drink</u>.

발음	억양	내것
正	正	正

02 I have <u>something to tell you</u>.

발음	억양	내것
正	正	正

03 Do you have <u>something to eat</u>?

발음	억양	내것
正	正	正

04 Would you like <u>something to drink</u>?

발음	억양	내것
正	正	正

05 I don't know <u>where to go</u>.

발음	억양	내것
正	正	正

06 It's time <u>to say good-bye</u>.

발음	억양	내것
正	正	正

07 I need <u>money to buy coffee</u>.

발음	억양	내것
正	正	正

08 I didn't know <u>how to draw</u>.

발음	억양	내것
正	正	正

09 I have <u>something to finish</u>.

발음	억양	내것
正	正	正

10 He has <u>something to do</u> with the matter.

발음	억양	내것
正	正	正

문장 10개에 이어 아래의 한글 표현 & 문장들을 영어로 바꿔 말해 봅시다.

11 전 나눌[할애할] 시간이 있어요.

전 ~이 있어요. = I have ~. / 할애하다, 내다 = spare

12 그는 감추는[감출] 게 있어요.

그는 ~이 있어요. = He has ~. / 감추다 = hide

13 너 나에게 말할 게 있니?

넌 ~이 있니? = Do you have ~? / A에게 말하다 = tell A

14 난 너에게 말할 게 아무것도 없어.

난 ~이 없어. = I don't have ~. / 아무것(도) = anything

15 너 마실 거 있니?

마시다 = drink

16 너 숨기는[숨길] 거 있니?

17 뭐가 좋으세요? → 어떤 게 좋으실까요?

뭐가 좋으세요? = What would you like?

18 리필 어떠세요?

~은 어떠세요[좋으세요]? = Would you like ~? / 리필 = refill

19 난 할 것을 모르겠어. → 나 뭘 해야 할지 모르겠어.

난 ~을 모르겠어. = I don't know ~. / 것 = what

20 나 그걸 할 방법을 모르겠어. → 나 어떻게 하는 건지 모르겠어.

방법 = how

11   I have <u>time to spare</u>.

발음 억양 내것
正 正 正

12   He has <u>something to hide</u>.

발음 억양 내것
正 正 正

13   Do you have <u>something to tell me</u>?

발음 억양 내것
正 正 正

14   I don't have <u>anything to tell you</u>.

발음 억양 내것
正 正 正

15   Do you have <u>something to drink</u>?

발음 억양 내것
正 正 正

16   Do you have <u>something to hide</u>?

발음 억양 내것
正 正 正

17   What would you like?

발음 억양 내것
正 正 正

18   Would you like a refill?

발음 억양 내것
正 正 正

19   I don't know <u>what to do</u>.

발음 억양 내것
正 正 正

20   I don't know <u>how to do</u> it.

발음 억양 내것
正 正 正

Wait! 아직 안 끝났어요!

조금만 더 분발해 입근육을 쫙~ 풀어 봅시다!

21 시작할 시간인가?

~인가? = Is it ~? / 시작하다 = start

22 과거를 보내야 할 시간이야.

A가 B하게 하다[놔두다] = let A B / 과거 = past

23 나 마실 게 필요해.

나 ~이 필요해. = I need ~.

24 저는 저를 도와줄 사람이 필요해요.

누군가, 어떤 사람 = someone

25 난 노래할 방법을 몰라. → 나 노래할 줄 몰라.

노래하다 = sing

26 너 이거 할 방법을 알아? → 너 이거 어떻게 하는지 알아?

너 ~을 알아? = Do you know ~?

27 나 말할 것이 있어. → 나 할 말이 있어.

말하다 = say

28 나 너에게 보여 줄 게 있어.

보여 주다 = show

29 나는 이것과 관련이 없어.

~와 관련이 없다 = have nothing to do with ~

30 너 이것과 관련이 있니?

~와 관련이 있다 = have something to do with ~

21   Is it time <u>to start</u>?

발음   억양   내것
正   正   正

22   It's time <u>to let the past go</u>.

발음   억양   내것
正   正   正

23   I need <u>something to drink</u>.

발음   억양   내것
正   正   正

24   I need <u>someone to help me</u>.

발음   억양   내것
正   正   正

25   I don't know <u>how to sing</u>.

발음   억양   내것
正   正   正

26   Do you know <u>how to do this</u>?

발음   억양   내것
正   正   正

27   I have <u>something to say</u>.

발음   억양   내것
正   正   正

28   I have <u>something to show you</u>.

발음   억양   내것
正   正   正

29   I have <u>nothing to do</u> with this.

발음   억양   내것
正   正   正

30   Do you have <u>something to do</u> with this?

발음   억양   내것
正   正   正

**There is no reason
not to follow your heart.**

당신의 마음을
따르지 않을 이유가 없다.

– 스티브 잡스 –
(Steve Jobs)

15

to 마법사

이렇게 배웠다

to 부정사의
[부사적] 용법

국영법은 이렇게 알려준다

두 번째 마법
[하다]
→ [하기 위해]

[to 마법사]의 첫 번째 마법이 [~할]이었다면 두 번째 마법은 [~하기 위해]입니다. 문법책에선 'to 부정사의 부사적 용법'이라는 어려운 말로 소개되는데, 국영법에선 [to] = [앞으로 이어지는 화살표] 이미지만 알면 됩니다.

to 마법사
= 앞으로 ~하기 위해

우리가 말을 할 땐 '시간, 장소, 이유' 등의 [부가 정보]를 덧붙이게 됩니다. 그리고 이러한 [부가 정보]를 문법 용어로 [부사(구)]라고 지칭하죠.

I was born 난 태어났어요	**in 1983.** (1983년에)	시간
	in Changwon. (창원에서)	장소
	for you. (당신을 위해)	이유

그런데 [동사] 앞에 [to]를 붙이면 [~하기 위해]라는 뜻의 [이유]의 부사 표현으로 마법처럼 바뀝니다. 이것 역시 [to] = [앞으로 이어지는 화살표]를 떠올리며 [앞으로 ~하기 위해]라고 상상하면 이해하기 쉽겠죠?

to + 동사 = ~하기 위해

사랑하다 = love you
사랑하기 위해 = to love you

I was born 난 태어났어
to love (you). [이유] (널) 사랑하기 위해.

돕다 = help
돕기 위해 = to help

I'm here 난 여기 왔어
to help. [이유] 돕기 위해.

그리고 [to-동사]는 [이유를 덧붙이는 부사]처럼 사용할 수 있기 때문에 문맥에 따라 [~하게 되어서]라는 뜻으로도 풀이할 수 있습니다.

여기 있다 = be here
여기 있게 되어서 = to be here

I'm honored 저는 영광입니다
to be here. [이유] 여기 있게 되어서.

'stop(멈추다)'라는 동사 뒤에 [smoking, to smoke]를 썼을 경우 각각 '난 담배를 끊었어. / 난 담배를 피려고 (가다가 잠시) 멈췄어.'라는 뜻이 됩니다. 'stopped +[smoking]'의 경우 '[담배 피고 있는 것 (진행 중)]을 멈췄다'는 뜻이 되고, 'stopped +[to smoke]'는 '[담배를 피기 위해 (미래)] 멈췄다'는 뜻이 됩니다. [-ing]가 가진 [진행]의 뉘앙스, [to-]가 가진 [미래]의 뉘앙스를 적용해 보면 쉽게 알 수 있습니다.

I stopped smoking. = 난 담배 피는 것을 멈췄어.

I stopped to smoke. = 난 담배를 피기 위해 멈췄어.

난 그저 전화했어요
[이유] "당신을 사랑한다" 말하기 위해

말하다= say
말하기 위해 = to say

I just called to say "I love you."

* 그저, 단지 = just / 전화하다 = call (과거형은 called)

난 태어났어
[이유] 널 사랑하기 위해

(널) 사랑하다 = love (you)
(널) 사랑하기 위해 = to love (you)

I was born to love you.

* 태어난 = born → 난 태어났어. = I was born.

3 난 그를 보기 위해 뉴욕에 갔어.

난 뉴욕에 갔어
[이유] <u>그를 보기 위해</u>

(그를) 보다 = **see** (**him**)
(그를) 보기 위해 = **to see** (**him**)

I went to New York <u>to see him</u>.

* ~에 <u>가다</u> = <u>go</u> to ~ (과거형은 <u>went to</u> ~)

4 난 도우려고 여기 왔어.

난 여기 왔어
[이유] <u>돕기 위해</u>

돕다 = **help**
돕기 위해 = **to help**

I'm here <u>to help</u>.

* 난 여기 있어[왔어]. = I'm here.

05 나 축하하려고 왔어.

난 왔어
[이유] 축하하기 위해

축하하다 = celebrate
축하하기 위해 = to celebrate

I came to celebrate.

* 오다 = come (과거형은 came)

06 당신을 만나 뵙게 되어 기쁩니다.

기쁩니다
[이유] 당신을 만나게 되어서

(당신을) 만나다 = meet (you)
(당신을) 만나게 되어서 = to meet (you)

It's nice to meet you.

* 좋은, 멋진, 즐거운[기쁜] = nice

7 여기 있게 되어 영광입니다.

영광입니다
[이유] 여기 있게 되어서

여기 있다 = be here
여기 있게 되어서 = to be here

I'm honored to be here.

* 영광스럽게 된, 영광인 = honored

8 이 책은 이해하기 어려웠어.

이 책은 어려웠어
[이유] 이해하기엔

이해하다 = understand
이해하기엔 = to understand

The book was hard to understand.

* 어려운 = hard

9 너는 정말 최고야.

너는 그저 너무 훌륭해
[이유] 사실이기엔

사실이다 = **be true**
사실이기엔 = **to be true**

You are just too good <u>to be true</u>.

* '너는 사실이기엔 그저 너무 훌륭해'라는 말은 '비현실적일 정도로 최고'라는 의미.

10 그녀는 그 소식을 듣고 놀랐어.

그녀는 놀랐어
[이유] 그 소식을 듣게 되어서

(그 소식을) 듣다 = **hear (the news)**
(그 소식을) 듣게 되어서 = **to hear (the news)**

She was surprised <u>to hear the news</u>.

* 놀라게 된, 놀란 = surprised

5·5·5 연습

① 발음에 집중해서 5번,
② 억양에 집중해서 5번,
③ 내 것처럼 5번씩 따라 말하기

MP3_085

연속 듣기

5·5·5 연습이 끝난 후
한 번에 쭉~ 연이어 듣고
문장 곱씹기

MP3_086

01 I just called to say "I love you."

발음	억양	내것
正	正	正

02 I was born to love you.

발음	억양	내것
正	正	正

03 I went to New York to see him.

발음	억양	내것
正	正	正

04 I'm here to help.

발음	억양	내것
正	正	正

05 I came to celebrate.

발음	억양	내것
正	正	正

06 It's nice to meet you.

발음	억양	내것
正	正	正

07 I'm honored to be here.

발음	억양	내것
正	正	正

08 The book was hard to understand.

발음	억양	내것
正	正	正

09 You are just too good to be true.

발음	억양	내것
正	正	正

10 She was surprised to hear the news.

발음	억양	내것
正	正	正

문장 10개에 이어 아래의 한글 표현 & 문장들을 영어로 바꿔 말해 봅시다.

11 그냥 인사하려고['안녕'이라 말하려고] 전화 드렸어요.

'안녕'이라 말하다 = say hello

12 그를 깨우려고 전화를 20번을 했어요.

그를 깨우다 = wake him up / 20번 = 20 times

13 나는 연주하기 위해 태어났어.

연주하다 = play

14 그녀는 가수가 되기 위해 태어난 거 같아.

(내 생각에) ~인 것 같아. = I think ~. / 가수 = singer

15 난 사촌을 만나러[방문하러] 뉴욕에 갔어.

방문하다 = visit / 나의 사촌 = my cousin

16 난 공부하러 뉴욕에 가기로 결정했어.

~하기로 결정하다 = decide to ~ (과거형은 decided to ~) / 공부하다 = study

17 저 제 차를 가지러 여기 왔어요.

(수령해서) 가져가다 = pick up

18 저 브라운 씨를 만나러[보러] 여기 왔어요.

보다, 만나다 = see

19 저 쉬려고 여기 왔어요.

오다 = come (과거형은 came) / 쉬다 = relax

20 그녀는 의사가 되려고 여기 왔어요.

의사 = doctor

11   I just called <u>to say hello</u>.

발음   억양   내것
正   正   正

---

12   I called him 20 times <u>to wake him up</u>.

발음   억양   내것
正   正   正

---

13   I was born <u>to play</u>.

발음   억양   내것
正   正   正

---

14   I think she was born <u>to be a singer</u>.

발음   억양   내것
正   正   正

---

15   I went to New York <u>to visit my cousin</u>.

발음   억양   내것
正   正   正

---

16   I decided to go to New York <u>to study</u>.

발음   억양   내것
正   正   正

---

17   I'm here <u>to pick up my car</u>.

발음   억양   내것
正   正   正

---

18   I'm here <u>to see Mr. Brown</u>.

발음   억양   내것
正   正   正

---

19   I came here <u>to relax</u>.

발음   억양   내것
正   正   正

---

20   She came here <u>to be a doctor</u>.

발음   억양   내것
正   正   正

Wait! 아직 안 끝났어요!

조금만 더 분발해 입근육을 쫙~ 풀어 봅시다!

21 당신을 만나 뵙게 되어 기뻤습니다.

~해서 기뻤습니다. = It was nice to ~

22 전 첫눈을 봐서 신났었어요.

신난 = excited / 첫눈 = first snow

23 여기 있게 되어 영광입니다.

~해서 영광입니다. = It's an honor to ~

24 지금 일이 넘쳐나서 전 복 받았네요.

복 받은 = blessed / 일이 넘쳐나다[아주 많다] = have so much work

25 그의 손 글씨는 읽기 어려웠어.

손 글씨 = handwriting / 어려운 = hard

26 이 영화는 나에겐 보기 힘들었어.

보다 = watch / 나에겐[나를 떠올려 봤을 때] = for me

27 사실로 밝혀졌어.

~으로 밝혀졌어. = It turned out to be ~ / 사실인 = true

28 거짓으로 밝혀졌어.

거짓인 = false

29 너 내 편지 받고 놀랐었니?

놀란 = surprised / 받다 = receive / 나의 편지 = my letter

30 난 그가 결혼했다는 소식 듣고 놀랐었어.

듣다 = hear / 결혼한 = married

21 It was nice <u>to meet you</u>.

발음 억양 내것
正 正 正

22 I was excited <u>to see the first snow</u>.

발음 억양 내것
正 正 正

23 It's an honor <u>to be here</u>.

발음 억양 내것
正 正 正

24 I'm blessed <u>to have so much work now</u>.

발음 억양 내것
正 正 正

25 His handwriting was hard <u>to read</u>.

발음 억양 내것
正 正 正

26 This movie was hard <u>to watch for me</u>.

발음 억양 내것
正 正 正

27 It turned out <u>to be true</u>.

발음 억양 내것
正 正 正

28 It turned out <u>to be false</u>.

발음 억양 내것
正 正 正

29 Were you surprised <u>to receive my letter</u>?

발음 억양 내것
正 正 正

30 I was surprised <u>to hear that he was married</u>.

발음 억양 내것
正 正 正

To handle yourself, used your head;
To handle others, use your heart.

자신을 다루려면 머리를 사용하고,
다른 사람들을 다루려면 마음을 사용하라.

- 엘리너 루스벨트 -
(Eleanor Roosevelt)

16

to 마법사

이렇게 배웠다

이렇게 배웠다

to 부정사의
[명사적] 용법

국영법은 이렇게 알려준다

세 번째 마법
[하다]
→ [하는 것]

이번 시간엔 [to 마법사]의 세 번째 마법을 알려 드리겠습니다. [to-동사]는 [~하다]를 [~하는 것]으로 바꾸는 마법도 부릴 수 있습니다. 이 역시 [to] = [앞으로 이어지는 화살표] 이미지를 떠올리면 이해하기 쉽습니다.

to 마법사
= 앞으로 ~하는 것

우선 아래의 문장들을 살펴봅시다.

나는 _____을 원해. = I want _____.

나는 **이것**을 원해. = I want <u>this</u>.

나는 **가는 것**을 원해. = I want <u>to go</u>.

세 번째 문장의 경우 want 뒤에 'go(가다)'만 넣어서 말하면 동사가 2개가 되어 버려 '나는 **가다를 원해**'라는 이상한 뜻이 됩니다. 따라서 [to 마법사]의 힘을 빌려 [가다]를 [가는 것]이라고 바꿔야 합니다. 그리고 [to] = [앞으로 이어지는 화살표] 이미지이기 때문에 [(앞으로) ~하는 것]이라는 뉘앙스로 풀이되죠.

to+동사 = ~하는 것

go (가다) → to go (가는 것)

I want to go.

난 (앞으로) 가는 것을 원해.

→ 난 가고 싶어.

try (시도하다) → to try (시도하는 것)

I decided to try it.

난 (앞으로) 시도하는 것을 결심했어.

→ 난 시도하기로 했어.

위 두 문장 모두 '앞으로' 뭘 하고 싶고 뭘 시도할 건지 말하는 것이기 때문에 [앞으로]라는 뉘앙스의 [to-동사]가 사용된 것입니다. 따라서 [앞으로 ~하는 것]을 **[원하다(want), 바라다(hope), 결심하다(decide), 필요로 하다[need], 계획하다(arrange), 제안하다(offer), 거부하다(refuse)]** 등의 동사와 잘 쓰입니다. 앞서 우린 [동사-ing] 역시 [~하는 것]이란 의미로 쓰인다고 배웠는데요. [동사-ing]는 [이미 ~하고 있는 것, 과거에 ~한 것]이라는 뉘앙스이기 때문에 아래와 같이 'enjoy(즐기다), feel like(~하고 싶다)'와 같은 표현들과 잘 쓰입니다.

talk (이야기하다) → talking (이야기한 것)

I enjoyed talking to you.

난 (조금 전) 너와 이야기한 것을 즐겼어.

→ 너와 이야기해서 좋았어.

dance (춤추다) → dancing (춤추는 것)

I feel like dancing.

난 (이미) 춤추는 것 같이 느끼고 있어.

→ 나 춤추고 싶어.

01

제 꿈은 가수가 되는 거예요.

제 꿈은
[앞으로] 가수가 되는 것이에요.

가수가 되다 = be a singer
[앞으로] 가수가 되는 것 = to be a singer

My dream is <u>to be a singer</u>.

* 나의 꿈 = my dream / 가수 = singer

제 일은 고객들과 상담하는 거예요.

제 일은
[앞으로 쭉] 고객들과 말하는 것이에요.

(고객들과) 말하다 = speak (to clients)
[앞으로 쭉 / 계속] (고객들과) 말하는 것
= to speak (to clients)

My job is <u>to speak to clients</u>.

* 나의 일[직업] = my job / ~와 말하다[대화하다] = speak to ~

저는
[앞으로] 당신을 다시 보는 것을
바랍니다.

(당신을) 보다 = see (you)
[앞으로] (당신을) 보는 것 = to see (you)

I hope to see you again.

* 바라다 = hope / 다시, 또 = again

저는
[앞으로] 당신께 뭔가 말하는 것을
원해요.

(당신께 뭔가) 말하다 = tell (you something)
[앞으로] (당신께 뭔가) 말하는 것
= to tell (you something)

I want to tell you something.

* 원하다 = want / 무엇, 어떤 것 = something

05 전 시도하기로 결심했어요.

전
[앞으로] 시도하는 것을 결심했어요.

시도하다 = try it
[앞으로] 시도하는 것 = to try it

I decided to try it.

* 결정[결심]하다 = decide (과거형은 decided)

06 너 의사한테 가 봐야 해.

넌
[앞으로] 의사에게 가는 것이 필요해.

(의사에게) 가다 = see (a doctor)
[앞으로] (의사에게) 가는 것 = to see (a doctor)

You need to see a doctor.

* 'see a doctor'는 '의사를 보다 → (진찰 받으러) 의사에게 가다'라고 풀이.

전
[조금 전] 당신과 이야기한 것을
즐겼습니다.

(당신과) 이야기하다 = talk (to you)
[조금 전] (당신과) 이야기한 것
= talking (to you)

I enjoyed talking to you.

* 즐기다 = enjoy (과거형은 enjoyed)

전
[이미] 춤추는 것 같이
느끼고 있어요.

춤추다 = dance
[이미] 춤추는 것 = dancing

I feel like dancing.

* 난 ～ 같이 느끼고 있어. → 난 ～하고 싶어. = I feel like ～.

09 나 이메일 보내야 하는 걸 까먹었어.

난
[앞으로] 이메일을 보내는 것을
까먹었어.

(이메일을) 보내다 = send (the e-mail)
[앞으로] (이메일을) 보내는 것
= to send the e-mail

I forgot to send the e-mail.

* 까먹다 = forget (과거형은 forgot)

10 나 가고 싶어.

난
[앞으로] 가는 것을 원해.

가다 = go
[앞으로] 가는 것 = to go

I'd like to go.

* 난 ~을 원한다[하고 싶다]. = I'd(=I would) like ~.

5·5·5 연습

① 발음에 집중해서 5번,
② 억양에 집중해서 5번,
③ 내 것처럼 5번씩 따라 말하기

MP3_091

연속 듣기

5·5·5 연습이 끝난 후
한 번에 쭉~ 연이어 듣고
문장 곱씹기

MP3_092

01　My dream is <u>to be a singer</u>.

발음	억양	내것
正	正	正

02　My job is <u>to speak to clients</u>.

발음	억양	내것
正	正	正

03　I hope <u>to see you again</u>.

발음	억양	내것
正	正	正

04　I want <u>to tell you something</u>.

발음	억양	내것
正	正	正

05　I decided <u>to try it</u>.

발음	억양	내것
正	正	正

06　You need <u>to see a doctor</u>.

발음	억양	내것
正	正	正

07　I enjoyed <u>talking to you</u>.

발음	억양	내것
正	正	正

08　I feel like <u>dancing</u>.

발음	억양	내것
正	正	正

09　I forgot <u>to send the e-mail</u>.

발음	억양	내것
正	正	正

10　I'd like <u>to go</u>.

발음	억양	내것
正	正	正

문장 10개에 이어 아래의 한글 표현 & 문장들을 영어로 바꿔 말해 봅시다.

11 제 꿈은 카페를 운영하는[소유하는] 거예요!

소유하다 = own

12 제 꿈은 롯데가 KBO에서 우승하는 걸 보는 거예요.

우승하다 = win

13 제 일은 사람들에게 훈련 방법을 알려[보여] 주는 거예요.

A에게 B를 보여 주다 = show A B / ~하는 방법 = how to ~ / 훈련하다 = train

14 제 일은 무대에 오르는 것입니다.

무대에 오르다 = be on stage

15 전 좋은 결과를 보게 되길 바랍니다.

좋은 결과 = good result

16 우린 한 시간 내에 그곳에 도착하길 바랍니다.

그곳에 도착하다 = be there / 한 시간 내에 = within an hour

17 한번 (시도)해 보고 싶어요.

시도하다 = try

18 그녀는 자신의 분야[직업]에서 앞서고 싶어 해.

앞으로 가다, 앞서다 = get ahead / 직업, 경력 = career

19 난 그냥 재미로 스페인어를 배우기로 결정했어.

배우다 = learn / 스페인어 = Spanish / (그냥) 재미로 = (just) for fun

20 난 다이어트를 하기로 결정했어.

다이어트를 하다 = go on a diet

11   My dream is <u>to own a cafe</u>!

발음 억양 내것
正 正 正

12   My dream is <u>to see Lotte win KBO</u>.

발음 억양 내것
正 正 正

13   My job is <u>to show people how to train</u>.

발음 억양 내것
正 正 正

14   My job is <u>to be on stage</u>.

발음 억양 내것
正 正 正

15   I hope <u>to see good results</u>.

발음 억양 내것
正 正 正

16   We hope <u>to be there within an hour</u>.

발음 억양 내것
正 正 正

17   I want <u>to try it</u>.

발음 억양 내것
正 正 正

18   She wants <u>to get ahead in her career</u>.

발음 억양 내것
正 正 正

19   I decided <u>to learn Spanish just for fun</u>.

발음 억양 내것
正 正 正

20   I decided <u>to go on a diet</u>.

발음 억양 내것
正 正 正

조금만 더 분발해 입근육을 쫙~ 풀어 봅시다!

21 넌 크게 생각할 필요가 있어.

크게 생각하다 = think big

22 넌 매일 연습할 필요가 있어.

연습하다 = practice / 매일 = every day

23 전 당신을 대접한 것을 즐겼습니다. → 와 주셔서 즐거웠습니다.

(손님 등을) 대접하다 = have+사람

24 전 둘러본 것을 즐겼습니다. → 잘 둘러봤습니다.

주위를 보다, 둘러보다 = look around

25 나 오늘 밤은 그냥 집에 있고 싶어.

안에[집에] 있다 = stay in / 오늘 밤 = tonight

26 나 아무것도 안 하고 싶어.

나 ~하고 싶지 않아. = I don't feel like ~ing. / 아무것(도) = anything

27 나 아빠한테 전화하는 걸 깜빡했어.

전화하다 = call / 나의 아빠 = my dad

28 나 전화기를 충전해야 하는 걸 까먹었어.

충전하다 = charge / 나의 전화기 = my phone

29 한번 심사숙고해 볼게요[보고 싶네요].

심사숙고하다 = think it over

30 그 주제에 있어 당신의 생각을 듣고 싶어요.

당신의 생각 = your thoughts / 그 주제에 있어 = on the subject

21 You need <u>to think big</u>.

발음 억양 내것
正　正　正

22 You need <u>to practice every day</u>.

발음 억양 내것
正　正　正

23 I enjoyed <u>having you</u>.

발음 억양 내것
正　正　正

24 I enjoyed <u>looking around</u>.

발음 억양 내것
正　正　正

25 I feel like <u>staying in tonight</u>.

발음 억양 내것
正　正　正

26 I don't feel like <u>doing anything</u>.

발음 억양 내것
正　正　正

27 I forgot <u>to call my dad</u>.

발음 억양 내것
正　正　正

28 I forgot <u>to charge my phone</u>.

발음 억양 내것
正　正　正

29 I'd like <u>to think it over</u>.

발음 억양 내것
正　正　正

30 I'd like <u>to hear your thoughts on the subject</u>.

발음 억양 내것
正　正　正

To love and win is the best thing.
To love and lose, is the next best thing.

사랑하고 이기는 것이 최선이다.
사랑하고 지는 것은 그 다음이다.
(사랑이 없으면 이기고 지는 것은 의미가 없다.)

- 윌리엄 새커리 -
(William Thackeray)

17

항상시제

이렇게 배웠다

'지금'의 일이니까
[현재시제]

국영법은 이렇게 알려준다

'늘' 있는
일이니까
[항상시제]

여러분은 [현재시제]라는 말을 들었을 때, [과거, 현재, 미래] 중 어디에 해당한다고 생각하시나요? 당연히 [현재시제]라는 말 때문에 [현재]에 해당된다고 생각하실 텐데요. 사실 [현재시제]의 더 정확한 표현은 [항상시제]입니다.

늘 있는 일이니까 항상시제

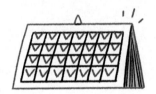

우선 아래의 문장 3개부터 살펴보도록 합시다.

I got up at 6:00 yesterday.
난 <u>어제</u> 6시에 일어났어.

I will get up at 6:00 tomorrow.
난 <u>내일</u> 6시에 일어날 거야.

I get up at 6:00.

세 번째 문장의 경우 우리말로 직역하면 '나는 6시에 일어나'인데, 이 말은 '과거에도 6시에 일어났고, 현재에도 6시에 일어나고 있고, 앞으로도 6시에 일어날 거다'라는 뉘앙스를 품고 있는 말입니다. 따라서 이 말을 좀 더 정확히 해석하자면 '난 (습관적으로 늘) 6시에 일어나'입니다.

따라서 국영법에선 [현재시제]를 [항상시제]라고 표현합니다. [현재시제]라고 말하면 '현재'의 일만 말하는 느낌이라 오해할 수 있으니까요. 따라서 [항상시제]는 갖고 있는 [습관], 하고 있는 [일], 믿고 있는 [종교], 갖고 있는 [취향]과 같이 과거/현재/미래에 걸쳐 '늘' 있는 일을 표현할 때 쓰입니다.

go = [(반복적으로 늘)] 가다
He goes to work by subway.
그는 지하철을 타고 직장에 (늘) 가요.

go = [(반복적으로 늘)] 가다
I go to church.
나는 교회에 (늘) 가.

like = [(습관적으로 늘)] 좋아하다
She likes animals.
그녀는 동물을 (늘) 좋아해.

그런데 [항상시제]라고 하면 '늘' 그렇다는 뉘앙스이기 때문에 100% 정확하게 매일 그 일을 하지 않는다면 거짓말처럼 느껴질 수도 있습니다. 따라서 아래와 같은 표현들까지 곁들이면 오해 없이 좀 더 정확하게 말할 수 있습니다.

100%	**always** 항상
80%	**usually** 보통, 대개
70%	**often** 자주
50–30%	**sometimes** 가끔
5–10%	**hardly, barely, seldom** 거의 ~하지 않는
0%	**never** 전혀 ~하지 않는

01 난 매일 6시 30분에 일어나.

난 매일 6시 30분에
[늘] 일어나.

[(습관적으로) 늘] 일어나다 = get up

I get up at 6:30 every day.

* 6시 30분에 = at 6:30 / 매일 = every day

02 전 보통 일요일엔 영화를 보러 갑니다.

전 보통 일요일엔 영화를 보러
[늘] 갑니다.

[(습관적으로) 늘] 가다 = go
영화관으로, 영화를 보러 = to the movies

I usually go to the movies on Sunday.

* 보통, 주로 = usually / 일요일에 = on Sunday

3 그녀는 오늘 열심히 일하고 있어.

그녀는 [콕! 집어서] 오늘 열심히
일하고 있어.

[콕! 집어서] 일하고 있다 = is working
열심히 = hard

She is working hard today.

* 오늘 = today

4 그는 지하철을 타고 출근해.

그는 지하철을 타고 직장에
[늘] 가.

[(반복적으로) 늘] 가다 = go
직장에 = to work
지하철을 타고 = by subway

He goes to work by subway.

* 주어가 'I, You'를 제외한 단수일 땐 동사 끝에 '-(e)s'를 붙임.

05 영화는 7시에 시작합니다.

영화는 7시에
[늘] 시작해.

[(반복적으로) 늘] 시작하다 = start
7시에 = at 7

The movie starts at 7.

06 저는 학교에 다녀요.

저는 학교에
[늘] 가요.

[(반복적으로) 늘] 가다 = go
학교에 = to school

I go to school.

7 저는 교회에 다녀요.

저는 교회에
[늘] 가요.

[(반복적으로) 늘] 가다 = **go**
교회에 = **to church**

I go to church.

8 그녀는 동물을 좋아해요.

그녀는 동물을
[늘] 좋아해요.

[(습관적으로) 늘] 좋아하다 = **like**
동물 = **animal**

She likes animals.

09 난 커피 안 마셔. 난 차를 마셔.

난 커피를 [늘] 안 마셔.
난 차를 [늘] 마셔.

[(습관적으로) 늘] 안 마시다 = don't drink
[(습관적으로) 늘] 마시다 = take

I don't drink coffee. I take tea.

* 커피 = coffee / 차 = tea / take+음료 = ~을 (택해서) 마시다

10 그녀는 청바지를 자주 입지만, 오늘은 치마를 입고 있어.

그녀는 청바지를 [늘] 자주 입어,
하지만 [콕! 집어서] 오늘은
치마를 입고 있어.

[(습관적으로] 늘] 입다 = wear
[콕! 집어서] 입고 있다 = is wearing

**She often wears jeans,
but today she is wearing a skirt.**

* 자주 = often / 하지만 = but / 청바지 = jeans / 치마 = skirt

5·5·5 연습

① 발음에 집중해서 5번,
② 억양에 집중해서 5번,
③ 내 것처럼 5번씩 따라 말하기

MP3_097

연속 듣기

5·5·5 연습이 끝난 후
한 번에 쭉~ 연이어 듣고
문장 곱씹기

MP3_098

01 I get up at 6:30 every day.

발음 억양 내것
正 正 正

02 I usually go to the movies on Sunday.

발음 억양 내것
正 正 正

03 She is working hard today.

발음 억양 내것
正 正 正

04 He goes to work by subway.

발음 억양 내것
正 正 正

05 The movie starts at 7.

발음 억양 내것
正 正 正

06 I go to school.

발음 억양 내것
正 正 正

07 I go to church.

발음 억양 내것
正 正 正

08 She likes animals.

발음 억양 내것
正 正 正

09 I don't drink coffee. I take tea.

발음 억양 내것
正 正 正

10 She often wears jeans,
but today she is wearing a skirt.

발음 억양 내것
正 正 正

259

문장 10개에 이어 아래의 한글 표현 & 문장들을 영어로 바꿔 말해 봅시다.

11 난 7시 30분에 출근해.

일터로 가다 = go to work

12 난 11시 50분에 점심을 먹어.

점심을 먹다 = have lunch

13 난 아침을 자주 걸러.

아침을 거르다 = skip breakfast / 자주 = often

14 난 가끔 허전함을 느껴.

허전함을 느끼다 = feel empty / 가끔 = sometimes

15 그는 공원에서 달리고 있어요.

달리다 = run / 공원에서 = in the park

16 그들은 함께 노래를 부르고 있어.

노래하다 = sing / 함께 = together

17 그는 이태리 식당에서 요리해.

요리하다 = cook / 이태리 식당 = Italian restaurant

18 그녀는 혼자서 사업을 운영해.

사업을 운영하다 = run the business / 그녀 혼자서 = by herself

19 기차는 7시에 도착합니다.

기차 = train / 도착하다 = arrive

20 쇼는 9시 정각에 시작합니다.

시작하다 = begin / 정각(에) = sharp

11　I go to work at 7:30.

발음　억양　내것
正　　正　　正

12　I have lunch at 11:50.

발음　억양　내것
正　　正　　正

13　I often skip breakfast.

발음　억양　내것
正　　正　　正

14　I sometimes feel empty.

발음　억양　내것
正　　正　　正

15　He is running in the park.

발음　억양　내것
正　　正　　正

16　They are singing together.

발음　억양　내것
正　　正　　正

17　He cooks at an Italian restaurant.

발음　억양　내것
正　　正　　正

18　She runs the business by herself.

발음　억양　내것
正　　正　　正

19　The train arrives at 7 o'clock.

발음　억양　내것
正　　正　　正

20　The show begins at 9 sharp.

발음　억양　내것
正　　正　　正

Wait! 아직 안 끝났어요!

조금만 더 분발해 입근육을 쫙~ 풀어 봅시다!

21 그는 일요일만 빼고 매일 학교에 다닙니다.

학교에 가다[다니다] = go to school / ~을 빼고 = except ~

22 그녀는 수업 시간에 열심히 (활동)해.

열심히 일[활동]하다 = work hard / 수업 시간에 = in class

23 나는 도서관에 다녀.

도서관에 가다[다니다] = go to the library

24 나는 대학에서 영어를 가르쳐.

가르치다 = teach / 대학에서 = at a college

25 그는 힙합을 좋아해.

힙합 = hip-hop

26 나는 생선을 좋아하지 않아.

생선 = fish

27 나는 고기를 먹지 않아.

고기 = meat

28 그녀는 아침을 많이 안 먹어.

아침을 (많이) 먹다 = eat (much) breakfast

29 그녀는 반지를 끼고 있어.

반지를 끼다 = wear a ring

30 그는 털 코트를 입고 있어.

털 코트를 입다 = wear a fur coat

21 He goes to school every day except Sundays.

발음 억양 내것
正 正 正

---

22 She works hard in class.

발음 억양 내것
正 正 正

---

23 I go to the library.

발음 억양 내것
正 正 正

---

24 I teach English at a college.

발음 억양 내것
正 正 正

---

25 He likes hip-hop.

발음 억양 내것
正 正 正

---

26 I don't like fish.

발음 억양 내것
正 正 正

---

27 I don't eat meat.

발음 억양 내것
正 正 正

---

28 She doesn't eat much breakfast.

발음 억양 내것
正 正 正

---

29 She is wearing a ring.

발음 억양 내것
正 正 正

---

30 He is wearing a fur coat.

발음 억양 내것
正 正 正

**Everything comes to you
at the right time.
Be patient.**

때가 되면 네게 온다.
기다려라.

18

현재완료

이렇게 배웠다

[현재완료]의
계속적 용법

국영법은 이렇게 알려준다

영어 시간에 배웠던 [현재완료 = have+p.p.]라는 시제는 정말 기초 학습자들에겐 가혹한 시제였을 텐데요. 하지만 국영법에선 [죽~, 다, 막, 적]이라는 개념으로 아주 쉽게 가르쳐 드릴 것입니다. 오늘은 [죽~]에 대해 배워 봅시다.

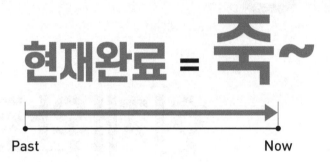

우선 아래의 예시부터 살펴봅시다.

콕! 집어서 (과거에) 바빴고 (지금) 바쁘다고 할 땐 [was, am]을 쓰면 된다는 건 이전에 이미 배웠었습니다. 그렇다면 [(과거부터 지금까지) 죽~]이라는 걸 영어로 표현하려면 대체 어떻게 해야 할까요?

[have]는 [내 몸에 붙어있는 느낌의 동사]이고, [been]과 같이 [-en/ed]로 끝나는 건 [끝난 느낌의 과거분사]입니다. 따라서 have와 과거분사(p.p.)를 붙여 [have p.p.]라고 하면 [과거의 상태가 지금까지 죽~ 이어지고 있다, 과거에 했던 걸 지금까지 죽~ 해왔다]라는 뜻이 됩니다. 한 마디로 정리하면 [죽~]이죠. (* 참고로 주어가 'I, You'를 제외한 단수일 경우 have가 아닌 has를 씁니다.)

have p.p. = 죽~

바쁜 = busy / 행복한 = happy

I have been busy. 나는 죽~ 바빴어.

I have been happy. 나는 죽~ 행복했어.

슬픈 = sad / 화난 = angry

He has been sad. 그는 죽~ 슬펐어.

She has been angry. 그녀는 죽~ 화났어.

그리고 [얼마 동안/언제부터 죽~]이라고 말하는 경우가 많은데, [~동안] = [for+기간]이고 [~부터] = [since+시점]입니다. 참고로 [when]은 사진을 찍은 [그 때/순간]이라는 느낌이고 [since]는 녹화 버튼을 누르고 죽~ 촬영하는 느낌이기 때문에 [when]은 [과거시제]와 쓰이지만 [since]는 [have p.p.]와 함께 쓰입니다.

나는 행복했어.	I was happy.
널 만났을 때 나는 행복했어.	I was happy when I met you.
나는 죽~ 행복했어.	I have been happy.
나는 3년 동안 죽~ 행복했어.	I have been happy for 3 years.
널 만나고부터 나는 죽~ 행복했어.	I have been happy since I met you.

01 나는 바빴어. / 나는 바빠. / 나는 바쁠 거야.

나는 (과거에) 바쁜 상태였어.
나는 (지금) 바쁜 상태야.
나는 (미래에) 바쁜 상태일 거야.

나는 (지금/과거에) ____야/였어. = I am / was ____.
나는 (미래에) ____일 거야. = I will be ____.

I was busy. / I am busy. / I will be busy.

* 바쁜 (상태인) = busy

02 나는 죽~ 바빴어. / 나는 죽~ 행복했어.

나는 (과거부터 지금까지) 죽~
바쁜/행복한 상태야.

I have been busy.
/ I've been happy.

* I have p.p. = I've p.p. / 행복한 (상태인) = happy

268

3 그는 죽~ 굉장히 슬펐어. / 그녀는 죽~ 화났어.

그는 (과거부터 지금까지) 죽~
굉장히 슬픈 상태야.

그녀는 (과거부터 지금까지) 죽~
화난 상태야.

He has been so sad.
/ She's been angry.

* He(She) has p.p. = He(She)'s p.p. / 슬픈 (상태인) = sad / 화난 (상태인) = angry

4 너는 죽~ 멋졌어.

너는 (과거부터 지금까지) 죽~
멋진 상태야.

You've been great.

* You have p.p. = You've p.p. / 정말 좋은[멋진] = great

5 나는 3년간 죽~ BTS의 팬이었어.

나는 (과거[3년 전]부터 지금까지) 죽~
3년 동안 BTS의 팬인 상태야.

_____의 팬 = **a fan of** _____
3년 동안 = **for 3 years**

Past → Now

I've been a fan of BTS for 3 years.

6 난 2010년부터 아주 오랫동안 죽~ 외로웠어.

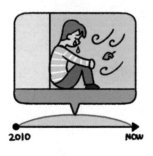

2010년부터 나는 (지금까지) 죽~
아주 오랫동안 외로운 상태야.

외로운 (상태인) = **lonely**
아주 오랫동안 = **for so long**
_____부터 = **since** _____

2010 → NOW

I've been lonely for so long since 2010.

7 그것이 멈췄을 때 난 행복했어.

그것이 멈췄을 때
나는 [과거 그 시점에] 행복한 상태였어.

___일 때 = when ___
멈추다 = stop (과거형은 stopped)

Past　　　　NOW

I was **happy when it stopped**.

8 나는 죽~ 지루했어. / 나는 죽~ 공부하고 있어.

나는 (과거부터 지금까지) 죽~
지루해진 상태야.

나는 (과거부터 지금까지) 죽~
공부하고 있는 상태야.

Past　　　　NOW

I've been **bored**.
/ I've been **studying**.

* 지루해진 (상태인) = bored / 공부하고 있는 (상태인) = studying

09 난 2013년부터 죽~ 여기서 살고 있어.

2013년부터
난 (지금까지) 죽~ **여기서** 살아왔어.

살다 = **live** → 살게 된 = **lived**
(과거부터 지금까지) 죽~ 살아왔다
= **have lived**

I've lived here since 2013.

10 난 널 만났을 때부터 죽~ 널 사랑했어.

널 만났을 때부터
난 (지금까지) 죽~ 널 사랑해왔어.

사랑하다 = **love** → 사랑하게 된 = **loved**
(과거부터 지금까지) 죽~ 사랑해왔다
= **have loved**

I've loved you since I met you.

* 만나다 = meet (과거형은 met)

5·5·5 연습

① 발음에 집중해서 5번,
② 억양에 집중해서 5번,
③ 내 것처럼 5번씩 따라 말하기

MP3_103

연속 듣기

5·5·5 연습이 끝난 후
한 번에 쭉~ 연이어 듣고
문장 곱씹기

MP3_104

01 I was busy. / I am busy. / I will be busy.

발음 억양 내것
正   正   正

02 I have been so busy. / I've been happy.

발음 억양 내것
正   正   正

03 He has been sad. / She's been angry.

발음 억양 내것
正   正   正

04 You've been great.

발음 억양 내것
正   正   正

05 I've been a fan of BTS for 3 years.

발음 억양 내것
正   正   正

06 I've been lonely for so long since 2010.

발음 억양 내것
正   正   正

07 I was happy when it stopped.

발음 억양 내것
正   正   正

08 I've been bored. / I've been studying.

발음 억양 내것
正   正   正

09 I've lived here since 2013.

발음 억양 내것
正   正   正

10 I've loved you since I met you.

발음 억양 내것
正   正   正

문장 10개에 이어 아래의 한글 표현 & 문장들을 영어로 바꿔 말해 봅시다.

11 너 (지금) 바빠?

바쁜 = busy

12 너 (과거에) 바빴어?

13 너 죽~ 바빴어?

14 너 죽~ 행복했어?

행복한 = happy

15 우리는 죽~ 슬펐어.

슬픈 = sad

16 너는 죽~ 화가 났었던 게 틀림없어.

~한 게 틀림없다 = must ~ / 화난 = angry

17 너는 죽~ 끝내줬어.

끝내주는 = awesome

18 당신은 정말 죽~ 친절하셨어요.

매우[정말] 친절한 = very kind

19 전 3년간 죽~ 결혼한 상태였어요.

결혼한 (상태인) = married

20 전 17년간 죽~ 선생님이었어요.

선생님 = teacher

		발음	억양	내것
11	Are you busy?	正	正	正
12	Were you busy?	正	正	正
13	Have you been busy?	正	正	正
14	Have you been happy?	正	正	正
15	We've been sad.	正	正	正
16	You must have been angry.	正	正	正
17	You've been awesome.	正	正	正
18	You've been very kind.	正	正	正
19	I've been married <u>for 3 years</u>.	正	正	正
20	I've been a teacher <u>for 17 years</u>.	正	正	正

조금만 더 분발해 입근육을 쫙~ 풀어 봅시다!

21 난 금요일부터 죽~ 행복했어.

> 금요일 = Friday

22 그녀는 월요일부터 죽~ 휴가 중이야.

> 휴가인 = off work / 월요일 = Monday

23 네가 와 줬을 때 난 기뻤어.

> 기쁜 = glad / 오다 = come (과거형은 came)

24 그들은 끝났을 때 울었어.

> 울다 = cry (과거형은 cried) / 끝나다 = end (과거형은 ended)

25 나는 죽~ 혼란스러웠어.

> (기분이) 혼란스러운 = confused

26 나는 죽~ 달리고 있어.

> 달리고 있는 = running

27 2002년 월드컵 전부터 그녀는 죽~ 거기 살고 있어.

> ~전부터 = since before ~

28 그들은 평생 동안 죽~ 여기서 살고 있어.

> 그들의 평생 (동안) = their whole life

29 난 10살 때부터 죽~ 널 사랑했어.

30 난 우리가 만났던 날부터 죽~ 널 사랑했어.

> 우리가 만났던 날 = the day we met

21 I've been happy <u>since Friday</u>.

발음 억양 내것
正　正　正

22 She's been off work <u>since Monday</u>.

발음 억양 내것
正　正　正

23 I was glad <u>when you came</u>.

발음 억양 내것
正　正　正

24 They cried <u>when it ended</u>.

발음 억양 내것
正　正　正

25 I've been confused.

발음 억양 내것
正　正　正

26 I've been running.

발음 억양 내것
正　正　正

27 She's lived there
<u>since before the 2002 world cup</u>.

발음 억양 내것
正　正　正

28 They have lived here <u>their whole life</u>.

발음 억양 내것
正　正　正

29 I've loved you <u>since I was 10</u>.

발음 억양 내것
正　正　正

30 I've loved you <u>since the day we met</u>.

발음 억양 내것
正　正　正

**I've failed over and over and over again
in my life. And that is why I succeed.**

나는 끊임없이 실패했다.
그것이 내가 성공한 이유다.

– 마이클 조던 –
(Michael Jordan)

19

현재완료

이렇게 배웠다

[현재완료]의
완료, 결과, 경험

국영법은 이렇게 알려준다

다, 막, 적

앞서 우린 [have p.p.] 시제가 [(과거부터 지금까지) 죽~]이라는 뉘앙스로 쓰인 다는 걸 배웠습니다. 이번 시간엔 [죽~]에서 더 나아가 [다, 막, 적]이라는 뉘앙스로도 쓰일 수 있다는 걸 배워 봅시다.

Past   Now   Past   Now   Past   Now

① [다]

[과거시제]는 현재와 멀리 떨어져 있는 뉘앙스의 시제입니다. 하지만 딱 붙은 그림 이미지를 가진 [have]가 들어간 [have p.p.] 시제는 [현재]와 딱 붙어 있는 느낌의 시제이기 때문에 '다 읽었어요, 다 끝냈어요'와 같이 [(과거부터 현재까지 죽~ 해오다가 마침내) 다 ~했다]라는 뉘앙스로 말할 때에도 쓸 수 있습니다. (* 특성상 '이미 (already)'를 같이 쓰는 경우가 많음.)

I read it yesterday.
나 어젯밤(이란 과거)에 그거 읽었어.

I have already read it.
나 (과거부터 지금까지 읽었고 마침내)
그거 이미 다 읽었어.

② [막]

앞서 말했듯이 [have p.p.] 시제는 [현재]와 딱 붙어 있는 느낌이기 때문에 '**막** 도 착했어요'와 같이 [(**끝나긴 했지만 현재와 가까운 시점에**) 막 ~**했다**]고 말할 때에도 쓸 수 있습니다. (* 특성상 '<u>just(방금)</u>'을 같이 쓰는 경우가 많음.)

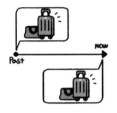

I arrived 3 days ago.
나 3일 전(이란 과거)에 도착했어.

I have just arrived.
나 방금 (현재와 가까운 과거에) 막 도착했어.

③ [적]

앞서 말했듯이 [have p.p.] 시제는 [현재]와 딱 붙어 있는 느낌이기 때문에 '간 **적** 있어요, 만난 **적** 있어요'와 같이 [(**과거부터 현재까지 죽~ 붙어 있는 기간 사이에**) ~ **한 적 있다**]고 말할 때에도 쓸 수 있습니다.

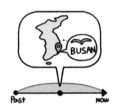

I have been to Busan.
나 (과거부터 현재 사이에)
부산에 가 본 적 있어.

지금까지 배운 다양한 시제에 많이 익숙해졌다면, 아래와 같이 다양한 시제의 문장 들이 가진 '뉘앙스의 차이'를 이젠 잘 이해할 수 있을 것입니다.

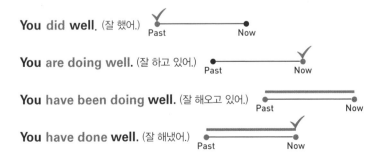

You did **well.** (잘 했어.)

You are doing **well.** (잘 하고 있어.)

You have been doing **well.** (잘 해오고 있어.)

You have done **well.** (잘 해냈어.)

1 나 어젯밤에 그거 읽었어. / 나 이미 그거 다 읽었어.

나 어젯밤(이란 과거)에
그거 읽었어.

나 (과거부터 지금까지 읽었고 마침내)
그거 이미 다 읽었어.

**I read it last night.
/ I've already read it.**

* 읽다 = read (과거형은 read / p.p.는 read) / 이미 = already

2 너 잘 하고 있어. / 너 죽~ 잘 하고 있어.

너 (지금 이 순간)
잘 하고 있는 상태야.

너 (과거부터 지금까지) 죽~
잘 하고 있는 상태야.

**You're doing well.
/ You've been doing well.**

* 하고 있는 (상태인) = doing / 잘 = well

3 넌 잘 해냈어. / 넌 잘 했어.

넌 (과거부터 지금까지 해 왔고 마침내)
잘 해냈어.
넌 (과거에)
잘 했어.

You have done well.
/ You did well.

4 전 3일 전에 도착했어요. / 전 방금 막 도착했어요.

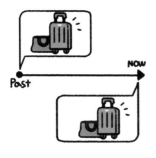

전 3일 전(이란 과거)에
도착했어요.
전 방금 (현재와 가까운 과거에)
막 도착했어요.

I arrived 3 days ago.
/ I've just arrived.

05 나 열쇠를 잃어버렸었어. / 나 열쇠를 잃어버렸어.

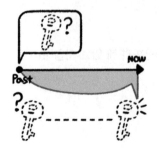

나 (과거에)
열쇠를 잃어버렸었어.

나 (과거에 잃은 게 지금까지 이어졌고
그 결과) **열쇠를** 잃어버렸어.

I lost my key.
/ I've lost my key.

* 잃다 = lose (과거형은 lost / p.p.는 lost)

06 나 그거 본 적 있어. / 나 그거 들은 적 있어.

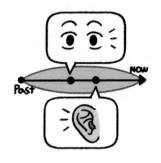

나 (과거부터 현재 사이에)
그거 본 적 있어.

나 (과거부터 현재 사이에)
그거 들은 적 있어.

I have seen it.
/ I have heard it.

* 보다 · 듣다 = see · hear (과거형은 saw · heard / p.p.는 seen · heard)

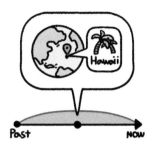

너 (과거부터 현재 사이에)
하와이에 가 본 적 있어?

have been to ____
= ____까지 가서 있어 본 적이 있다
   (위 표현은 '____에 가 본 적 있다'로 풀이)

Have **you** been to **Hawaii?**

* 'You <u>have been</u> to ～'를 의문문으로 바꾸면 'Have you <u>been</u> to ～?'

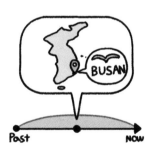

나 (과거부터 현재 사이에)
부산에 가 본 적 있어.

I've been to **Busan.**

09 그녀는 러시아로 가버렸어.

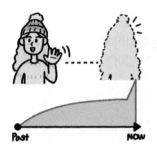

그녀는 (과거에 떠난 게 지금까지 이어져 마침내) **러시아로 가버렸어.**

* 'have been to'가 '과거부터 현재 사이에 가 본 적 있다'라는 뜻이라면 'have gone to'는 '과거에 가버려서 지금 현재 없다'라는 뜻.

She has gone to Russia.

* 가다 = go (과거형은 went / p.p.는 gone)

10 난 전에 곱창을 먹어 본 적이 없어.

난 (과거부터 현재 사이) **이전에 곱창을 먹어 본 적이 없어.**

___해 본 적이 없다 = **have never** ___
먹어 본 적이 없다 = **have never had**

I've never had 곱창 before.

* have+음식 = ~을 먹다 (과거형은 had / p.p.는 had)

5·5·5 연습

① 발음에 집중해서 5번,
② 억양에 집중해서 5번,
③ 내 것처럼 5번씩 따라 말하기

MP3_109

연속 듣기

5·5·5 연습이 끝난 후
한 번에 쭉~ 연이어 듣고
문장 곱씹기

MP3_110

	발음	억양	내것

01 I read it last night. / I've already read it.
正 正 正

02 You're doing well. / You've been doing well.
正 正 正

03 You have done well. / You did well.
正 正 正

04 I arrived 3 days ago. / I've just arrived.
正 正 正

05 I lost my key. / I've lost my key.
正 正 正

06 I have seen it. / I have heard it.
正 正 正

07 Have you been to Hawaii?
正 正 正

08 I've been to Busan.
正 正 正

09 She has gone to Russia.
正 正 正

10 I've never had 곱창 before.
正 正 正

문장 10개에 이어 아래의 한글 표현 & 문장들을 영어로 바꿔 말해 봅시다.

11 (과거에) 나 끝냈어[했어].

> 하다 = do (과거형은 did)

12 (이제 막) 나 끝냈어[해냈어].

> 하다 = do (p.p.는 done)

13 (지금) 나 걷고 있어.

> 걷다 = walk

14 나 죽~ 걷고 있어.

15 넌 (마침내 / 결국) 끝내주게 잘 해냈어.

> 멋진, 끝내주는 = awesome

16 넌 (마침내 / 결국) 멋진 일을 해냈어.

> 멋진 일 = great job

17 나 방금 막 챕터 2를 끝냈어.

> 끝내다 = finish (p.p.는 finished)

18 나 방금 막 그 소식 들었어.

> 듣다 = hear (p.p.는 heard)

19 나 (마침내 / 결국) 목소리를 잃었어.

> 잃다 = lose (p.p.는 lost) / 나의 목소리 = my voice

20 나 (마침내 / 결국) 정신을 잃었어.

> 나의 정신 = my mind

11   I did it.

발음 억양 내것
正 正 正

12   I've done it.

발음 억양 내것
正 正 正

13   I'm walking.

발음 억양 내것
正 正 正

14   I've been walking.

발음 억양 내것
正 正 正

15   You've done awesome.

발음 억양 내것
正 正 正

16   You've done a great job.

발음 억양 내것
正 正 正

17   I've just finished chapter 2.

발음 억양 내것
正 正 正

18   I've just heard the news.

발음 억양 내것
正 正 正

19   I've lost my voice.

발음 억양 내것
正 正 正

20   I've lost my mind.

발음 억양 내것
正 正 正

Wait! 아직 안 끝났어요!

조금만 더 분발해 입근육을 쫙~ 풀어 봅시다!

21 나 전에 어디선가 그를 본 적 있어.

보다 = see (p.p.는 seen) / 어디선가 = somewhere

22 나 그거 들어 본 적 없어.

~한 적 없다 = have never p.p.

23 제주에 가 본 적 있어요?

~한 적 있어요? = Have you ~?

24 너 의사한테 가 봤어[본 적 있어]?

의사 = doctor

25 전 베이징에 한 번 가 본 적 있어요.

한 번 = once

26 전 싱가포르에 두 번 가 봤어요.

두 번 = twice

27 그녀는 점심 먹으러 가버렸어.

점심 먹으러 <u>가다</u> = <u>go</u> to lunch (p.p.는 gone)

28 그녀는 영화 보러 가버렸어.

영화 보러 가다 = go to the movies

29 전 거짓말 한 적 없어요.

거짓말하다 = lie (p.p.는 lied)

30 전 요리해 본 적 없어요.

요리하다 = cook (p.p.는 cooked)

21   I've seen him somewhere before.

발음 억양 내것
正 正 正

22   I've never heard of it.

발음 억양 내것
正 正 正

23   Have you been to Jeju?

발음 억양 내것
正 正 正

24   Have you been to a doctor?

발음 억양 내것
正 正 正

25   I've been to Beijing once.

발음 억양 내것
正 正 正

26   I've been to Singapore twice.

발음 억양 내것
正 正 正

27   She's gone to lunch.

발음 억양 내것
正 正 正

28   She's gone to the movies.

발음 억양 내것
正 正 正

29   I've never lied.

발음 억양 내것
正 正 正

30   I've never cooked.

발음 억양 내것
正 正 正

**Been there,
done that.**

가 봤고,
해 봤다.
(너의 상황을 마음 깊이 이해한다.)

대한민국·기초영어말하기·교과서·국민영어법

20

will,
be going to

[will]

미래에 대한
의지

[be going to]

미래로
이어지는
궤도

[과거]는 이미 지나간 시간, [현재]는 지금 우리가 있는 시간입니다. 하지만 [미래]는 지금 존재하는 시간이 아니죠. 내일 만나기로 했던 사람을 못 만나기도 하고, 비가 올 거라고 했지만 안 오기도 하니까요. 그렇다면 이러한 [미래]는 영어로 어떻게 표현할 수 있을까요? 바로 [will]과 [be going to]로 표현할 수 있습니다.

will
be going to

미래_{에 대한} 의지

미래_{로 이어지는} 궤도

① [will] – 미래에 대한 [의지]

[will]은 앞서 배웠던 것처럼 [동사(교수님)] 앞에 붙어서 [~할 것이다]라고 말할 때 쓰는 [조동사(조교)]입니다. 특히 **앞으로 일어날 일에 대한 [의지]**를 갖고 있음을 보여 줄 수 있는데요. 실제 [will]은 [의지]라는 뜻을 갖고 있기도 합니다.

I will go. = 나는 갈 거야.
→ '가려는 의지'를 갖고 갈 것이다

I will help you. = 나는 널 도울 거야.
→ '도우려는 의지'를 갖고 널 도울 것이다.

I will learn English. = 나는 영어를 배울 거야.
→ '배우려는 의지'를 갖고 영어를 배울 것이다.

② [be going to] - 미래로 이어지는 [궤도]

[현재] 어떤 공이 골대를 향해 굴러가고 있다면, [미래]에 골대 안으로 들어가게 될 것입니다. 이처럼 '이미 어떤 방향으로 진행되고 있다는 것'을 보여 주면 [미래]를 표현할 수 있습니다. [be going]은 [이미 진행되고 있음]을 보여 주고 [to+동사]는 [어떤 동작과 이어져 있음]을 보여 주기 때문에 [be going to+동사]는 **[미래에 어떤 동작으로 이어져** 그렇게 진행될 걸로 충분히 예상된다]는 뜻입니다. 예시를 한번 볼까요?

He is going to take it. = 그가 가져갈 거야.
→ '가지러 가는 것[생각]'이 이미 진행 중이다.

I am going to buy a new phone. = 난 새 폰을 살 거야.
→ '새 폰을 사려는 것[생각]'이 이미 진행 중이다.

그리고 부정문은 [will not = won't], [be not going to]로 만듭니다.

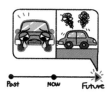

The car won't start.
(움직일 기미(의지)가 없음)
내 차는 움직이지 않을 거야.

I am not going to eat it.
('먹으려는 것[생각]'이 진행 중이지 않음)
나는 안 먹을 거야.

덧붙여 [-ing]를 이용해서 [미래시제]를 표현할 수도 있습니다. [-ing]는 기본적으로 [이미 진행되고 있는 일]을 표현할 때 쓰고, 따라서 이미 진행 중인 만큼 **[미래에 100% 확실하게 일어날 것이다]**라는 뉘앙스로 말할 때에 씁니다.

1 그렇게 할게요.

제가 (의지를 갖고)
그렇게 할게요.

* 무엇을 할지 이미 얘기 중인 상황 등일 경우
will 뒤에 동사 없이 'I will'이라고 해도 됨.

I will.

2 난 언제나 널 사랑할 거야.

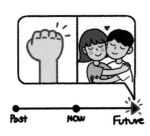

난 (의지를 갖고)
언제나 널 사랑할 거야.

언제나, 늘 = **always**
사랑하다 = **love**

I will always love you.

3 내가 널 도와줄게.

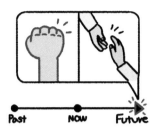

내가 (의지를 갖고)
널 도와줄게.

도와주다 = help

I'll help you.

* I will ~ = I'll ~

4 그가 가져갈 거야.

('가지러 가려는 것[생각]'이
이미 진행 중)
그가 가져갈 거야.

가져가다 = take

He is going to take it.

5 나 새 휴대폰을 살 거야.

('새 폰을 사려는 것[생각]'이
이미 진행 중)
나는 새 휴대폰을 살 거야.

사다 = buy
새 휴대폰 = new phone

I'm going to buy a new phone.

6 나 안 먹을 거야.

('먹으려는 것[생각]'이
진행 중이지 않음)
나 안 먹을 거야.

먹다 = eat

I'm not going to eat it.

7 나 새 차를 사려고 했었어.

('새 차를 사려는 것[생각]'이
진행 중이었음)
나 새 차를 사려고 했었어.

사다 = **buy**
새 차 = **new car**

I was going to buy a new car.

8 내 차가 움직이지 않을 것 같아.

('움직일 기미[의지]'가 없음)
내 차가 움직이지 않을 것 같아.

(작동되기) 시작하다 = **start**
내 차 = **my car**

My car won't start.

* won't = will not

09 저는 내일 떠나요.

저는 (100% 확실하게)
내일 떠나요.

떠나다 = leave
내일 = tomorrow

I'm leaving tomorrow.

10 내가 지켜보고 있을 거야.

내가 (의지를 갖고)
지켜보고 있을 거야.

____하고 있을 것이다 = **will be** ____**-ing**
지켜보다, 주시하다 = **watch**

I'll be watching.

5·5·5 연습

① 발음에 집중해서 5번,
② 억양에 집중해서 5번,
③ 내 것처럼 5번씩 따라 말하기

MP3_115

연속 듣기

5·5·5 연습이 끝난 후
한 번에 쭉~ 연이어 듣고
문장 곱씹기

MP3_116

		발음	억양	내것
01	I will.	正	正	正
02	I will always love you.	正	正	正
03	I'll help you.	正	正	正
04	He is going to take it.	正	正	正
05	I'm going to buy a new phone.	正	正	正
06	I'm not going to eat it.	正	正	正
07	I was going to buy a new car.	正	正	正
08	My car won't start.	正	正	正
09	I'm leaving tomorrow.	正	正	正
10	I'll be watching.	正	正	正

문장 10개에 이어 아래의 한글 표현 & 문장들을 영어로 바꿔 말해 봅시다.

11　난 (의지를 갖고) 살아남을 거야.

살아남다 = survive

12　난 (의지를 갖고) 그렇게 하지 않을 거야.

그것을[그렇게] 하다 = do that

13　난 (의지를 갖고) 언제나 거기 있을 거야.

언제나 = always / 거기[그곳에] 있다 = be there

14　나 (의지를 갖고) 거기 없을 거야.

15　제가 (의지를 갖고) 갈게요.

가다 = go

16　(의지를 갖고) 돌아올게요.

돌아오다 = be back

17　그는 (예정대로) 떠날 거야.

떠나다 = leave

18　그녀는 토론토에 집을 살 예정입니다.

사다 = buy / 집 = house / 토론토에 = in Toronto

19　그녀는 새로운 컴퓨터를 살 예정이야.

새로운 컴퓨터 = new computer

20　그들은 (예정대로) 쿠키를 만들 거야.

만들다 = make / 쿠키 = cookie

11   I will survive.

발음 억양 내것
正 正 正

12   I won't do that.

발음 억양 내것
正 正 正

13   I'll always be there.

발음 억양 내것
正 正 正

14   I won't be there.

발음 억양 내것
正 正 正

15   I'll go.

발음 억양 내것
正 正 正

16   I'll be back.

발음 억양 내것
正 正 正

17   He's going to leave.

발음 억양 내것
正 正 正

18   She's going to buy a house in Toronto.

발음 억양 내것
正 正 正

19   She's going to buy a new computer.

발음 억양 내것
正 正 正

20   They're going to make cookies.

발음 억양 내것
正 正 正

Wait! 아직 안 끝났어요!

조금만 더 분발해 입근육을 쫙~ 풀어 봅시다!

21 그는 (예정대로) 아무것도 먹지 않을 거야.

먹다 = eat / 아무것(도) = anything

22 우리는 (예정대로) 시드니에서 거기 가지 않을 거야.

거기[그곳에] 가다 = go there

23 그들은 (예정대로) 자전거를 사려고 했었어.

그들은 ~하려고 했었다 = They were going to ~

24 그녀가 (예정대로) 새 차를 사려고 했었어?

그녀가 ~하려고 했었어? = Was she going to ~?

25 제 노트북이 (기미[의지]를 보니) 작동하지 않을 것 같아요.

노트북 = laptop / 작동하다 = work

26 우리 집 TV가 (기미[의지]를 보니) 켜지지 않을 것 같아요.

작동하다[켜지다] = work

27 저 (100% 확실히) 당신을 떠나요.

떠나다 = leave

28 나 (100% 확실히) 쇼핑하러 갈 계획이야.

난 ~할 계획이야. = I'm planning to ~. / 쇼핑하러 가다 = go shopping

29 그는 (의지를 갖고) 보쌈을 요리하는 중일 거야.

요리하다 = cook

30 우리 아빠는 (의지를 갖고) 피아노를 연주하고 계실 거야.

피아노를 연주하다 = play the piano

	발음	억양	내것
21 He's not going to eat anything.	正	正	正
22 We're not going to go there in Sydney.	正	正	正
23 They were going to buy a bicycle.	正	正	正
24 Was she going to buy a new car?	正	正	正
25 My laptop won't work.	正	正	正
26 The TV in my house won't work.	正	正	正
27 I'm leaving you.	正	正	正
28 I'm planning to go shopping.	正	正	正
29 He will be cooking 보쌈.	正	正	正
30 My father will be playing the piano.	正	正	正

If you are depressed, you are living in the past.
If you are anxious, you are living in the future.
If you are at peace, you are living in the present.

우울하다면, 과거에 있는 것이요.
불안하다면, 미래에 있는 것이요.
평온하다면, 현재에 있는 것이다.

– 노자 –
(Lao Tzua)